J.-M. RAGON

RITUEL

DE LA

MAÇONNERIE FORESTIÈRE

CONTENANT TOUT CE QUI A RAPPORT

A LA CHARBONNERIE ET A LA VENDERIE

SUIVI

D'UNE ANALYSE DE 14 ASSOCIATIONS POLITIQUES SECRÈTES

RITUEL

DE LA MAÇONNERIE

DE

ROYALE-ARCHE

IMPROPREMENT APPELÉE

RITE D'YORK

LES ROUYAT
13122 VENTABREN

EXOTERISME

ESOTERISME

ARCHIVES HISTORIQUES DE

LA FRANC MACONNERIE

REIMPRIME EN PHOTOGRAVURE

PAR

LES ROUYAT · EDITEUR

13122 - VENTABREN

Nous réunissons ici, en un seul volume, deux fascicules
publiés par J.M. Ragon en 1861.

D'égale épaisseur, ils sont paginés à part, chacun dans
son ordre.

Rituel de la Maçonnerie Forestière ·

Les compléments, depuis la page 25, révèlent une des
racines (mots hébreux insolites chez des forestiers)
mais surtout les innombrables marcottages engendrant
des Sociétés politiques en Allemagne, Italie, Espagne,
France.

Notons, sans plus, que le français Briot, préfet des
Abruzzes est reconnu comme père de la Carbonaria
en Italie.

Les Rituels de *Mark Master Mason* et de *Royal Arche* ·
sont aussi intéressants qu'un rapport de renseignements
sur une *terra incognita*, mais pas plus. Les continentaux
du XIX^0 s. ne pénétraient les systèmes Anglo-Saxons
que par reflets. Il en est de même encore au XXe s.

LES ROUYAT - 13122 VENTABREN

DEPOT LEGAL 3ᵉ TRIMESTRE 19

FRANCMAÇONNERIE

RITUEL

DE LA

MAÇONNERIE FORESTIÈRE

FRANCMAÇONNERIE

RITUEL

DE LA

MAÇONNERIE FORESTIÈRE

CONTENANT TOUT CE QUI A RAPPORT

A LA CHARBONNERIE ET A LA FENDERIE

SUIVI

D'UNE ANALYSE DE 14 ASSOCIATIONS POLITIQUES SECRÈTES

PROVENANT DE CES DEUX ANCIENNES INSTITUTIONS, ETC.

PAR J.-M. RAGON

Ancien Vénérable, Fondateur des trois Ateliers des *Trinosophes*, à Paris,
Auteur du *Cours interprétatif des Initiations*, etc.

PARIS

RITUEL

DE LA

MAÇONNERIE FORESTIÈRE

Le besoin de se reconnaître, de se secourir, au milieu des vastes forêts, où les voyageurs et même les habitants de ces solitudes risquent si souvent de s'égarer, a donné naissance à ces institutions utiles et déjà très-anciennes; elles se divisent en 5 classes :

1. *Charbonnier ou Fendeur.*
2. *Le **Prodigue** converti.*
3. *Moins diable que noir.*
4. *Scieur.*
5. *Charpentier.*

Le Charbonnier ou Fendeur est la principale Maçonnerie forestière.

DE LA FRANCHARBONNERIE.

Cet ordre utile s'est très-anciennement organisé dans les diverses contrées de la France où se trouvent des forêts. Dans les VENTES ou réunions de charbonnerie, les associés sont désignés par le titre de *Bons Cousins Charbonniers* [1].

Il existe des instructions imprimées sur les réceptions, grades, passages, terminées par des chansons, ainsi que des cahiers manuscrits aussi instructifs [2]. On y lit : « L'o-

---

[1] Origine du titre de COUSIN, donné aux grands dignitaires par les monarques français.

[2] Ces *instructions* sont suivies d'*annonces* facétieuses et de plaisanteries qui ne sont plus de notre temps, et terminées par un exorde en 3 points sur les devoirs forestiers et par une *prière* au prophète des forêts. Voici le titre de l'une d'elles :

INSTRUCTIONS

Pour le chantier du *Bon-Accord*, établi à la forêt de Paris,
à l'usage des chantiers français.
Des Bons-Cousins, Bons-Compagnons-Fendeurs :
Avec approbation des Cousins Magister et Nostradamus,
Et le privilége de la cousine Cateau.
A la Rapée, Maison-Blanche : 1783.

» rigine de la Francharbonnerie remonte au temps des
» empereurs païens. *Saint Thibault* est le patron des
» Francharbonniers. »

Un auteur a prétendu que François Ier, roi de France, avait été
initié dans la Maçonnerie charbonnière, ce qu'il croit être con-
firmé par les saluts et les honneurs portés à ce souverain, lors des
ouvertures des VENTES, ainsi qu'on peut le lire dans le *Mentor
d'Apprenti Charbonnier*, p. 31. Sainte-Croix, dans ses *Essais sur
Paris*, dit que vers l'an 1540, François Ier qualifia les pairs et
les grands dignitaires de l'Église, dans ses lettres, de cousins,
tandis que les rois ses prédécesseurs les appelaient *très-chers et
fidèles amis*. Ce titre devint innomobile. Henri IV le donna aux
cardinaux qui avaient auparavant le titre de *chers amis*.

Le but de cette association est la perfection de l'homme.
« Pour être reçu Francharbonnier, il faut être de mœurs
« pures, etc. Les aspirants sont soumis à des épreuves. »
(*On en donne le détail*).

« Il y a trois grades :
1. *Apprenti*.
2. *Maître*.
3. *Fendeur*.
Chaque *vente* a un orateur, etc.

Un Jurassien, dans une note communiquée à l'*Abeille
maçonnique*, s'est exprimé ainsi :

« Les forêts du Mont-Jura étaient habitées et exploi-
tées par des charbonniers, qui se trouvaient ainsi séparés
par leur état et leur séjour dans les bois. Ces hommes
étaient dangereux ; ils se livraient à des excès et s'étaient
rendus redoutables dans le pays. Un curé du voisinage
imagina de civiliser ces barbares, et, pour exécuter ce
bienfaisant projet, il conçut le plan d'une société *mystérieuse*, dite *des Frères Charbonniers*, dans laquelle se-

raient admis les charbonniers de la forêt et des bourgeois estimés des villes et des bourgs voisins. Ces barbares, flattés d'être associés à des personnes de considération, se soumirent facilement aux règlements de cette société, qui tendait à les civiliser, et, par ce moyen adroit, on parvint à rendre à la société, des hommes presque sauvages. »

Après les questions d'usage faites au charbonnier qui se présente en *vente*, le *Père-Maître* lui dit : « *Souviens-toi que chez les Charbonniers :*

« Les richesses, l'orgueil ne sont que des chimères,

« Enfants du même Dieu, tous les mortels sont frères.

« Le vice seul est bas, la vertu fait le rang,

« Et l'homme le plus juste est aussi le plus grand. »

La coterie des charbonniers entre dans les mystères secrets de quelques branches des compagnons du devoir.

Il est évident que la Francharbonnerie a existé long-temps avant la Fenderie qui, après en avoir fait partie dans le 3ᵉ grade, s'en est séparée pour former un corps à part et un rituel différent, tout en conservant le principe moral et le même but philanthropique.

Les associés de la Fenderie sont appelés *Bons Compagnons Fendeurs*.

Il existe encore en France, dans le Doubs, dans le Jura, etc., des *ventes* de Charbonniers et des *chantiers* de Fendeurs [1].

La Fenderie est un *devoir* qui est servi avec toute la

---

[1] On peut consulter avec fruit une brochure intitulée : *Des Carbunari et des Fendeurs-Charbonniers*, 55 pages in-8°, par *Cauchard d'Hermilly*, 1822.

décence et la régularité possibles, par les membres de cette société. On n'entend jamais, dans leurs réunions, jurer, médire ni proférer des paroles inconvenantes.

La charité et le droit d'hospitalité y sont observés.

On y suit les *sept béatitudes.*

1. J'ai été nu, vous m'avez habillé.
2. J'ai eu soif, vous m'avez donné à boire.
3. J'ai eu faim, vous m'avez donné à manger.
4. J'ai été en prison, vous m'avez visité.
5. J'ai été malade, vous m'avez secouru.
6. J'ai eu froid, vous m'avez réchauffé.
7. J'ai été affligé, vous m'avez consolé.

La première assemblée qui eut lieu à Paris, fut préparée et présidée, le 17 août 1747, par le *Père-Maître Beauchaîne,* le plus fanatique des vénérables inamovibles de l'ancienne Grande-Loge de France ; il l'appela : *Le Chantier du Globe et de la Gloire.* Il disait tenir ses pouvoirs de M. M. de Courval, grand-maître des eaux et forêts du comté d'Eu, seigneur du Courval.

Une grande partie de la cour et de la ville s'y rendit ; la joie y fut franche et sans façon : on s'y promenait bras dessus bras dessous, en habit d'étoffes grossières et en sabots. Le rendez-vous était dans un vaste jardin de la *Nouvelle-France.*

Beauchaine établit d'autres chantiers dans la capitale et dans les provinces.

En 1748, une autre réunion de Fendeurs fut présidée par un autre *Père-Maître,* dans un lieu supposé être le *centre des forêts du roi.*

RITUEL

DES

FENDEURS DU DEVOIR

COMPAGNONS FENDEURS, SYLVAINS ET CHARBONNIERS.

Les Fendeurs ont regardé plus tard ce grade comme étant le
4e de la Francmaçonnerie ; il fallait alors, pour l'obtenir, prouver
qu'on avait assisté à *quatre tenues de maître*. Le prix était de
douze francs.

Le lieu de l'assemblée se nomme *chantier* ou *tente*. Il faut être
neuf au moins pour tenir séance.

Le chantier s'ouvre en plein jour : l'été, dans une grande allée
de jardin garnie d'arbres, l'hiver, dans une vaste salle garnie de
branches d'arbre ou de tentures représentant une forêt et les diverses occupations des fendeurs. Lorsque le soleil vient apporter
son voile sur leurs travaux, on les éclaire par un *soleil mouvant
transparent*, placé à l'Orient, et par un grand nombre de *lanternes
de couleur*, cachées dans les décorations.

A l'Orient, est un gros billot de chêne dit *billot d'honneur*,
pour le Père-Maître ; devant, une grosse bûche de chêne, à côté,
une hache de sapeur avec deux coins, l'un de fer, l'autre de bois.
A la droite de ce billot, est une grosse souche sur laquelle sont
les statuts, un godet de grès, et, pour chaque récipiendaire, un

petit pain bis, un petit paquet contenant 5 sous, une paire de gants blancs, un cordon jaune feuille morte, auquel pend un petit coin de buis, une petite hache dorée attachée à un petit flot de ruban de même couleur, un sifflet de buis attaché à une faveur feuille morte et un tablier de charpentier. Derrière la place du Père-Maître est un houx.

Vers le nord, il y a autant de billots de chêne que de récipiendaires, et, sur chaque billot, une couronne de feuilles de chêne.

Au midi et au nord sont rangés, en forme de cercle, autant de fagots qu'il y a de fendeurs, pour leur servir de siége; derrière sont des lots de bois mal arrangés et des lits de feuilles ou de gazon.

À l'Occident, sont deux billots de chêne; devant chacun est une grosse bûche de chêne couchée; à côté, une hache de bois à long manche, dont la tête est de fer-blanc, et deux coins, l'un de fer, et l'autre de bois.

Au centre (pour *tableau*) sont des scies de toute espèce, des cognées, des haches, des coins, entremêlés de copeaux, de branches et de feuilles.

Autrefois, pour distraire les fendeurs aux dépens du récipiendaire, on pratiquait quatre cabanes à l'Orient.

La 1re, à la droite du Maître, est faite avec 3 perches écartées dans le bas, tenues l'une à l'autre par des cerceaux; les 3 bouts sont réunis par le haut; au point de jonction, est une petite cruche pleine d'eau. On la garnit de paillassons; c'est la cabane du *cousin l'Ermite*, habillé en moine; il a pour siége un tabouret; devant lui, un billot sur lequel est une tirelire de grès et un livre de méditation. Devant le billot et au-dessous de la cruche, est un fagot qui sert de coussin au récipiendaire pour entendre à genoux l'exhortation de l'ermite. Pour éprouver sa charité, il lui dit de mettre dans la tirelire les 5 sous qui lui ont été donnés pour droit de passage, et, tenant à la main la ficelle de la cruche, il ajoute : *Soyez lavé et purgé de toutes les souillures qui accompagnent les briquets, et que la vertu protectrice de l'ordre des Fendeurs préside désormais à toutes vos actions.* En même temps, l'eau de la cruche se répand sur sa tête *pour le laver et le purifier*.

La 2e cabane est celle du *cousin vigneron*, faite en feuillage, bien couverte ; au haut de l'ouverture sert un bâton au bout duquel pend un chou, pour servir d'enseigne. Dans l'intérieur, 2 tréteaux et un baril de vin pour le repas des cousins, d'après l'ordre du Maître. Pour ce rôle, on choisit le cousin le plus farceur, qui prend le nom de la *mère Catault* et le costume de femme de fendeur : une cornette de paysanne, un casaquin, un jupon rouge ou bleu, un fichu, un tablier blanc, une grande croix d'or avec un cœur en or, etc.

La 3e cabane, en face de l'ermite, est celle de la mère Catault, vivandière et lingère. Dans l'intérieur, est un tabouret de bois ; un baquet plein d'eau, une planche en travers par-dessus, des linges à lessiver, du savon et un battoir. En avant, un fagot pour servir de coussin au récipiendaire qui, en sortant de sa leçon de lessivage, se trouve avoir la figure couverte de savon.

La 4e cabane est en face du cabaret. Elle est en terre et garnie d'un lit de paille épais, long et large. C'est la cabane de l'ours.

On livre le récipiendaire à divers exercices : on lui fait transporter un lot qui n'est fait que de fagots d'épine ; on l'apprend à se servir de coins ; il s'éreinte à essayer de fendre une bûche noueuse ; conduit à un établi de scieur de long, il est dessous la planche en travail, il reçoit toute la sciure ; on prétend qu'il ne voit pas droit, on lui met une grande paire de lunettes en carton, tellement noircie en dedans que tout son visage en est barbouillé, un cousin *compâtissant* lui ratisse la figure avec un morceau de toile à emballage.

Enfin, exténué de fatigue et à un moment convenu, il tombe ; on le pose sur un lit de feuillage ; l'ours quitte sa tanière, il arrive comme sortant de la forêt et vient droit au récipiendaire comme pour le dévorer. On court s'armer de haches et de fusils ; pendant ce temps, l'ours se roule sur le récipiendaire, le flaire, le retourne, le lèche et lui fait toutes sortes de singeries ; ils se pelotent ensemble. La farce jouée, on finit par faire fuir l'ours qui retourne à sa cabane.

Conduit devant le Maître, agenouillé sur un fagot, la main droite sur le pain, et la gauche sur le vin de l'hospitalité, versé dans une tasse de grès. Dans cette posture, on lui fait prêter son *obligation*, après laquelle il est conduit au *siége d'honneur*, où on lui apprend à battre la diane.

Costume. Veste *courte*, pantalon de toile, sabots, chemise et cravate débraillées, le chapeau retroussé par devant. Le Père-Maître est le seul qui ait à sa chemise de toile grise des manchettes de toile blanche, mais sans jabot.

Bijou. Une hache dorée suspendue à une faveur couleur de feuille morte bordée de vert. On la porte à la 3e boutonnière de la veste ou du gilet, ainsi que le petit sifflet de buis.

Cordon. Un large ruban jaune moiré feuille morte, porté en écharpe de droite à gauche, au bas duquel pend un coin de buis; le Père-Maître le porte en sautoir.

Tablier. De charpentier; peau rousse tannée; il y a 2 poches : pour la pierre à aiguiser, les bâtons pour la diane, le tabac, etc.

Diane. Pour *battre la diane*, on se sert de 2 bâtons égaux, longs d'un demi-pied; on les frappe en 3 temps, 1+2, l'un contre l'autre, pour imiter les maréchaux.

Les *Piqueurs* ont, de plus que les autres, un fusil avec une bandoullière couleur de feuille morte; au bout est leur munition. Ils font la ronde en dehors, lorsqu'on le leur ordonne. Il y en a toujours à la porte du chantier, le fusil sur l'épaule.

Titres. Le chef du chantier s'appelle *Père-Maître*.

Le 1er Garde du chantier, *cousin Duchéne*, parrain.

Le 2e — — *De l'Orme*, introducteur.

Le Secrétaire, *cousin Dacormier*, garde du pain

L'Orateur, — *Ducharme*, garde du vin } de l'hospitalité.

Le Trésorier, *cousin L'Érable*, gardes des siéges

Le Terrible, — *Dufréne*, d'honneur.

Le Maître des Cérémonies, — *Duhêtre*, garde du bois.

Les coureurs et les gardiens des portes se nomment *Piqueurs*.

Les récipiendaires s'appellent *Briquets*.

Il y a presque toujours des cousins à talent (*musiciens*).

Près du chantier, sont 2 cabanes faites en façon de loges de pipée; l'une est pour le réhabillement du récipiendaire, l'autre est pour le préparer; cela fait, on lui dit de se promener en attendant qu'on vienne le prendre. Il ne tarde pas à rencontrer des *piqueurs* qui le couchent en joue; l'un d'eux lui dit : *demeure-là !* puis s'approchant : *Qui es-tu? que fais-tu là? qui t'y a conduit? Pourquoi viens-tu écouter ainsi ce qui se passe dans le chantier?* Et, sans lui donner le temps de répondre, on le dépouille de tout, sauf le pantalon et la chemise. On lui passe une blouse, on lui met aux pieds des sabots qu'on nomme *ribolles.* On dépose dans son chapeau ses bijoux et son argent, en disant : *Si tu étais des nôtres, loin de t'ôter ce que tu as, nous te donnerions.*

Ainsi préparé, on lui demande : *Que veux-tu?* Il répond : *Je veux être reçu fendeur.* Un des piqueurs prend le briquet par la main, en lui disant : *Suis-moi.*

Arrivés à la porte du chantier, un des piqueurs bat la diane, puis il siffle 3 fois en fendeur; à défaut de sifflet, il crie 3 fois : *Houpe !* puis 3 fois : *A l'avantage !*

Le cousin Delorme frappe un coup de hache et dit : *Père-Maître, il y a quelqu'un de nos cousins égaré dans cette forêt, souhaitez-vous que j'aille lui porter secours?*

Le Père-Maître répond : *Cousin Delorme, c'est votre devoir; courez vite et faites ce que vous voudriez qu'on vous fît.*

Le cousin Delorme salue le Père-Maître de la hache et va voir à l'entrée du chantier ce qui se passe dans la forêt.

Le piqueur l'apercevant, lui dit : *Bonne vie, cousin Delorme !*

Le cousin Delorme répond : *Bonne vie, cousin piqueur !*

D. *Quel est cet homme que vous amenez avec vous?*

R. C'est un bon briquet qui demande à être reçu compagnon fendeur.

Le cousin Delorme dit : *A l'avantage, cousin piqueur, je vais demander si cela se peut.* Il rentre dans le chantier, salue le Père-Maître de la hache, et dit : *Bonne vie, Père-Maître !*

R. Bonne vie, cousin Delorme! *D'où venez-vous?*

R. De la forêt.

D. *Qu'avez-vous trouvé?*

R. Un bon briquet qui demande à être reçu bon cousin et compagnon fendeur.

D. *Est-ce sa volonté ?*

R. Oui, Père-Maître.

Le Père-Maître dit : *Admettez-le dans le chantier : allons, cousins, à l'ouvrage !*

Tous les cousins se lèvent, se remettent devant leurs fagots et frappent chacun sur sa hache et s'asseyent.

Le cousin Delorme amène le briquet à l'occident, en face du Père-Maître, derrière lequel un piqueur tire en l'air un coup de fusil chargé à poudre.

Alors, le cousin Delorme dit : *Bonne vie, Père-Maître !*

R. Bonne vie, cousin Delorme ! *D'où venez-vous ?*

R. De la forêt.

D. *Qu'avez-vous trouvé ?*

R. Un bon briquet qui demande à être reçu bon cousin et compagnon fendeur.

Un des deux piqueurs entrés avec le briquet, jette au milieu du chantier tout ce qu'il lui a ôté. Le Père-Maître lui dit :

D. *Cousin piqueur, qu'est-ce que tout cela ?*

R. C'est un butin que nous avons fait sur ce malheureux, attiré par la curiosité et qui rôdait dans la vente.

D. *Est-il bien courageux ; s'est-il bien défendu ?*

R. Oui, Père-Maître.

Alors le Père-Maître, s'adressant au briquet :

D. *Parlez donc, mon garçon ; comment vous appelez-vous ?*

Il répond.

D. *Vos prénoms ?*

Il les dit, etc.

La réception achevée, le Père-Maître lui dit : *Que le mal qu'on vous a fait soit changé en bien ! Voilà tout ce qu'on vous a pris. Voyez si celui qui vous a volé est ici ; il ne doit pas être votre ennemi, mais votre ami ; car, dès ce moment, il est votre défenseur comme vous devez être le sien.*

Le cousin Ducormier et le cousin Ducharme présentent le *pain* et le *vin* de l'hospitalité : *Mangez et buvez, nous vous donnons ce que nous avons ; nous sommes de pauvres gens, nous vous offrons de bon cœur. Et lui remettant un petit paquet : Voilà cinq sous pour vous conduire.*

OBLIGATION. « Je jure sur l'honneur, sur le pain et le vin de » l'hospitalité, de ne jamais rien révéler du devoir de fendeur ; » je promets d'offrir aux cousins et cousines, dans le besoin, » l'hospitalité, le pain, la soupe, le copeau et la moitié de ma » journée, quand je l'aurai gagnée. Que la hache des fendeurs me » sépare la tête du corps si jamais je deviens parjure. »

TUILEUR : ORDRE. La main droite à la gorge en forme de coin.

SIGNE. Porter vers la terre la main gauche formant un coin, la droite à la gorge.

SIGNE DE RECONNAISSANCE DANS UNE FORÊT. Se coller le dos contre un arbre, frapper deux coups contre avec le talon droit, et un du talon gauche, en glissant le pied.

ATTOUCHEMENT. La grippe de Maître ; étendre le doigt majeur sur le poignet où il frappe 3 coups égaux ; et le majeur de la main gauche frappe 3 coups sur l'omoplate.

MOT SACRÉ. *Bonne vie !*

On y répond par le MOT DE PASSE : *A l'avantage !*

MARCHE. Empiler le bois (*c'est faire 3 sauts de côté*).

BATTERIE. Trois coups égaux : ooo !

SALUT DE LA HACHE. La présenter en avant et se courber. (*C'est la manière de saluer le Père-Maître.*)

ORDRE DE TABLE. La main droite en coin à la gorge, la main gauche sur la hanche, comme pour se reposer.

CHANTIER DE TABLE.

UN DRESSOIR en fer à cheval, sans nappe ; la musique au milieu : des bancs pour s'asseoir. S'il fait beau et chaud, on peut s'asseoir sur le gazon, s'il y en a.

Les ustensiles sont de terre ou de bois. Mets rustiques : soupe aux choux, lard, cochonnaille, fraise et pieds de veau. Deux cuisiuiers fendeurs, habillés en femme, portant les noms de *cousine Marie* et *cousine Javotte.*

Noms des objets : Le vin se nomme *copeau rouge* ou *blanc.*

L'eau, *copeau pourri,*
La bouteille, *cruche,*
Le gobelet, *sac* ou *mannequin,*
Le pain, *mousse,*
La table, *bloc,*
Boire, *brûler le copeau,*

Boire à la santé, *relicher la santé.*

Manœuvre du bloc. Le Père-Maître : *Cousins Duchêne et Delorme, remplissons nos sacs de copeaux et mettons-les en chantier.* (Ils répètent l'annonce.).

Le Père-Maître. *Les sacs sont-ils pleins?*

R. Oui, Père-Maître.

Le Père-Maître. *Haut le chantier et à l'ordre!*

Tous les cousins se lèvent et se mettent à l'ordre.

Le Père-Maître. *Bons cousins et bons compagnons, nous allons relicher la santé de.... La main au sac! Le sac à la hauteur de l'oreille droite!* (On tourne la tête à droite, pour que le gobelet se trouve contre la lèvre.) *Videz le sac! Secouez le sac! Bas le sac!*

On applaudit en disant 3 fois *Bonne vie!*

Il n'y a point de santé d'obligation.

CANTIQUE.

LES FENDEURS.

Air : *Mon père était pot.*

Mes chers amis, braves fendeurs,
Que la hache rassemble,
Est-il de plaisirs plus flatteurs
Que de bien fendre ensemble?
Aimons et buvons,
Chantons et fendons,

C'est notre loi suprême ;
　Dans ces sombres lieux,
　A qui fend le mieux,
Donnons le diadème.

Selon le bois, un bon fendeur,
　Ménage son adresse.
Les uns veulent de la raideur,
　D'autres de la souplesse.
　　Toujours, à droit fil,
　　Posez votre outil,
　Si vous voulez bien fendre ;
　　Le coin bien trempé,
　　Bien mis, bien frappé,
Le bois devra se fendre.

Si vous fendez un jeune ormeau,
　Ménagez l'encoignure ;
Sagement, avec le ciseau,
　Disposez l'ouverture.
　　Petit à petit,
　On ouvre un réduit
　A l'instrument docile ;
　Si l'on brusque trop,
　Souvent le galop
　Blesse l'ormeau fragile.

Le chêne résiste souvent ;
Tant mieux pour la victoire.
Les fendeurs, comme les amants,
　Sont amis de la gloire.
　　Que l'outil, d'abord,
　　Caresse le bord
　De l'écorce revêche ;
　　Le coin s'affermit,
　　Le bois s'amoindrit
Et le fendeur fait brèche.

Parfois, il se trouve, au chantier,
Quelque vieille culasse,
C'est le plus ingrat du métier
Et le plus fort s'y lasse.
Jamais un fendeur
N'usa sa vigueur
Sur ce bois coriace ;
Il met, dans son cœur,
Un feu destructeur
Qui tonne et le crevasse.

Mais toujours fendre est un travail
Qui, chez nous, prévient l'âge.
Faut épargner le gouvernail
Pour faire un long voyage.
Fendre à tous propos,
Sans prendre repos,
Croyez-moi, n'est point sage ;
L'outil le plus fin
S'émousse à la fin,
Et plie à l'abordage.

CATÉCHISME.

Il ne demande point une grande étude ; il suffit de l'avoir entendu pour ne point l'oublier. Les réponses ne se font que par des SIGNES. Ainsi, quand on demande :

Connais-tu ton père ? L'interrogé regarde le ciel.

Ta mère ? La terre.

Ton parrain ? Son épaule droite.

Ta marraine ? Son épaule gauche.

Le tronc de l'arbre ? Son corps.

Les racines de l'arbre ? Ses pieds.

Les branches de l'arbre ? Ses bras.

Les dix branches de l'arbre?	Présente ses dix doigts.
L'arbre le plus touffu?	Met la main sur ses cheveux.
L'arbre le plus haut?	Élève la main au-dessus de sa tête.
L'arbre fourchu?	Présente deux doigts en fourche.
L'arbre tordu?	La jambe droite pliée.
L'arbre croisé?	Croise les jambes.

OUVERTURE DU CHANTIER. Les Fendeurs assemblés et décorés de leurs attributs, font, musique en tête, une marche conduite par un maître des Cérémonies et fermée par le Pᵉ-Mᵉ, accompagné de ses gardes du chantier. — Après 3 tours, le Pᵉ-Mᵉ crie : *Que chacun prenne sa place!* — On bat le bois ou la diane.

Le Père-Maître : *A l'avantage, bonne vie, cousins!* — Le 1ᵉʳ garde : *A l'avantage! bonne vie, Père-Maître!*

Le 2ᵉ garde : *A l'avantage! bonne vie, Père-Maître! bons cousins et bons compagnons, bonne vie, de la part du Père-Maître!*

Le Pᵉ-Mᵉ va donner au cousin Ducormier cet

ATTOUCHEMENT : Il met le pied droit en avant, la main gauche sur l'épaule droite du cousin. De la droite il tient sa hache comme pour se défendre, le bras raccourci. Le cousin jette sa hache, met le pied gauche dessus et présente la main gauche, les 4 doigts serrés, le pouce levé. Le Pᵉ-Mᵉ lui donne un petit coup du tranchant de la main droite, feignant de lui fendre le pouce et lui présente la main droite fermée. le pouce levé; le cousin le serre; le Pᵉ-Mᵉ regarde le ciel; le cousin regarde la terre; puis ils se griffent réciproquement la main droite, le médius sur l'artère du poignet, où il frappe 2 coups; et la main gauche, passée par dessus l'épaule droite, frappe du médius 2 coups sur l'omoplate; ils s'embrassent en disant ces

3 premiers mots de la Genèse : le 1ᵉʳ : *Bereschith* (in principio) ; le 2ᵉ : *Bara* (creavit) ; ensemble : *Elohim* (Deus) [1].

Cet attouchement ayant circulé, on bat la diane. — Le Père-Maître : *Quel temps fait-il, cousin Duchêne ?*

R. Très-beau, Père-Maître, le soleil se lève, le vent est calme et les feuilles sont tranquilles. — (S'il y avait des étrangers autour du chantier, il dirait : *Il fait grand vent, les feuilles et les branches sont très-agitées.*)—Le Pᵉ-Mᵉ : *Pourquoi le soleil s'est-il levé ?* — Pour nous favoriser au travail.

Le Père-Maître bat la diane [2] et frappant un grand coup de hache, il dit : *Cousins et bons compagnons Fendeurs, les outils sont effilés, chaque cousin est en bonne santé, le soleil est levé, courons au travail !* — L'annonce répétée, les cousins regardent le Père-Maître et chacun frappe un coup de hache sur sa bûche. — Le Pᵉ-Mᵉ : *Cousins et bons compagnons Fendeurs, le chantier est ouvert.* — Il frappe un coup de hache, tous les cousins présentent la leur en avant, saluent le Pᵉ-Mᵉ et chacun s'assied sur son fagot.

Clôture du chantier. Le Pᵉ-Mᵉ : *Cousin Duchêne, quel temps fait-il ?*

R. La nuit vient, Père-Maître, la journée est finie et le soleil est couché.

D. *Qu'est-ce que cela signifie ?* — R. Qu'il est temps de nous retirer pour prendre du repos, afin de nous met-

---

[1] Les paroles qui les suivent : *Eth, haschamaïn, Voeth, haarets* (cœlum et terram), sont les *mots sacrés* des *Scieurs*.

[2] *La diane* est une expression moderne, empruntée d'une batterie de tambour. Les anciens manuels imprimés portent *battre ladonelle*, contraction du mot *douvelle*, petite douve.

tre en état de retourner demain au travail. — D. *Quoi, toujours travailler !* — R. Nous sommes tous nés pour le travail.

Le P°-M° : *Puisque le soleil est couché, que la journée est finie et que la nuit vient, que chacun se retire en paix dans sa cabane !*

Quelquefois l'*attouchement* circule de nouveau ; alors, le Père-Maître dit : *Que signifie cet attouchement ?*

R. Que nous nous ferions tous hacher les uns pour les autres.

Le Père-Maître : *Bons cousins et bons compagnons Fendeurs, bonne vie ! à l'avantage ! le chantier est fermé.*

L'annonce répétée, on bat la diane et l'on salue le Père-Maître avec l'acclamation.

RÉCEPTION DES DAMES A LA FENDERIE.

La réception des dames est la même que pour les hommes, sinon qu'on ne les déshabille pas. Il faut qu'elles possèdent le grade de *Maîtresse Maçonne*. Ce jour-là, on admet les Sœurs qui ont été reçues *bonnes cousines fendeuses*.

Les récipiendaires se nomment *Briquettes*. — Les dames se placent dans le chantier de manière qu'il y ait un mélange parfait de *cousins* et de *cousines*. Il en est de même au chantier de table.

INSTRUCTION DU FENDEUR DU DEVOIR

ou

CARBONARO ANCIEN.

D. *D'où venez-vous, cousin Duchêne?*

R. De la forêt, Père-Maître.

D. *Que venez-vous d'y faire?*

R. Du mal en apparence, qui se changera bientôt en bien. *Bonne vie*, Père-Maître, et à tous les bons cousins et bons compagnons Fendeurs! et *à l'avantage!*

D. *Qui vous oblige au travail?*

R. La terre qui, en m'ouvrant ses entrailles, m'invite à la cultiver pour trouver ma subsistance.

D. *Avez-vous déjà travaillé au chantier?*

R. Oui, Père-Maître.

D. *Quelle en est la preuve?*

R. Mon père et ma mère me sont connus.

D. *Où est votre père?*

R. (Lever les yeux au ciel.)

D. *Où est votre mère?*

R. (Baisser les yeux vers la terre.)

D. *Que rendez-vous à votre père?*

R. Des hommages et des respects.

D. *Et à votre mère?*

R. Mes soins pendant ma vie, mon corps après.

D. *Où vous a-t-on trouvé?*

R. Dans la forêt.

D. *Que vous a-t-on fait?*

R. On m'a dépouillé presque entièrement.

D. *Vous a-t-on rendu ce qu'on vous avait pris?*

R. Oui, avec usure.

D. *Pourquoi?*

R. Parce que j'avais du courage.

D. *Qu'avez-vous fait du malfaiteur?*

R. Un ami.

D. *En êtes-vous fâché?*

R. Non, il mérite de l'être.

D. *Qu'avez-vous fait au chantier?*

R. J'ai coupé, fendu, porté, empilé du bois.

D. *N'en imposez-vous pas?*

R. J'ai prêté serment.

D. *Avez-vous été récompensé de vos travaux?*

R. Par le pain et le vin de l'hospitalité, cinq sous, la couronne et le siége d'honneur.

D. *Qui vous a procuré d'être ici?*

R. Mon parrain et ma marraine.

D. *Les connaissez-vous?*

R. Oui. (Regarder l'épaule droite, ensuite la gauche.)

D. *Qu'ont-ils fait pour vous?*

R. Ils ont répondu de mon courage et de mon activité aux bons cousins et compagnons Fendeurs.

D. *Que leur rendez-vous?*

R. De la reconnaissance.

D. *Avez-vous vu le Père-Maître?*

R. Oui, à l'Orient du chantier.

D. *A quoi l'avez-vous reconnu?*

R. A son cordon.

D. *Où sont les quatre coins de la vente?*

R. (Montrer les quatre doigts dans la main).

D. *Avez-vous la clé du chantier ?*

R. (Feindre de donner un coup de hache à un arbre).

D. *Que signifie cela?*

R. Que la force m'a fait entrer ici.

D. *Par où êtes-vous entré au chantier?*

R. Par le pied cormier.

D. *Montrez-moi le coin du bon cousin?*

R. (Trois doigts de la main droite en bas).

D. *Et le passe-partout ?*

R. (Feindre d'écrire).

D. *Connaissez-vous la cognée?*

R. (Feindre de fendre une bûche à 2 mains).

D. *Et la hache?*

R. (Feindre de frapper avec une hache).

D. *Et le charpentier?*

R. (Feindre de planer à 2 mains un échalas avec une plane).

D. *Quel est l'arbre le plus haut?*

R. (Mettre les mains par-dessus la tête).

D. *Le plus touffu?*

R. (Toucher ses cheveux).

D. *Le plus couvert?*

R. (Montrer sa tête couverte.)

D. *L'arbre à 10 branches?*

R. (Montrer les mains, les doigts ouverts).

D. *A 10 branches croisées?*

R. (Joindre les mains).

D. *L'arbre fourchu ?*

R. (Lever les bras en l'air).

D. *L'arbre noué?*

R. (Montrer les genoux).

D. *L'arbre tortu?*

R. (Ployer la jambe droite).

D. *Montrez-moi le tronc de l'arbre?*

R. (Montrer le buste).

D. *Les racines?*

R. (*Id.* les pieds).

D. *Les grosses branches?*

R. (*Id.* les bras).

D. *La tête?*

R. (*Id.* sa tête).

D. *Les feuilles?*

R. (*Id.* ses habits).

D. *Qu'avez-vous trouvé dans le chantier?*

R. Bons cousins et bons compagnons Fendeurs, ardents au travail, courageux et charitables.

D. *Si j'ai besoin de secours, que me donnerez-vous?*

R. Je partagerai avec vous ma journée, quand je l'aurai gagnée, mon pain de douleur; nous brûlerons ensemble mon sac de copeaux et je vous logerai dans ma cabane.

D. *Si l'on veut me faire du mal, que ferez-vous?*

R. Je vous défendrai jusqu'à la mort.

D. *Êtes-vous content d'être avec nous?*

R. Oui, Père-Maître.

LE PRODIGUE CONVERTI

SECOND POINT DE LA FENDERIE.

Ce grade est, sur les rituels, censé dater de l'an 700.

DÉCORATION DU CHANTIER. Si c'est une chambre, elle doit être tendue d'une tapisserie représentant une forêt, etc. Le trône est élevé de 7 marches. Au-dessus du maître, est suspendu un triangle en or, avec 3 diamants à chaque angle ; devant lui est une table sur laquelle sont 3 bougies en triangle, 2 pistolets, un triangle et une couronne de laurier. On est éclairé par douze lustres à 7 branches chacun.

TITRES. Le Maître s'appelle *le Grand Alexandre la Confiance ;* les deux plus anciens du chantier remplissent les fonctions d'orateur et de secrétaire : ils se nomment *frère Jacques* et *frère Pierre,* l'introducteur, *frère Joseph ;* le récipiendaire se nomme aussi *Joseph.*

SIGNE. Porter la main droite au front et se le toucher du bout des doigts.

SIGNE POUR SE FAIRE CONNAITRE. Porter la main droite au premier bouton de l'habit.

ORDRE. La hache sur l'épaule, la tabatière à la main.

BATTERIE. 3 coups, par 2 + 1. Le Maître l'exécute sur la table avec son maillet, les frères sur la tabatière; 2 coups sur le côté et un dessus.

Cette dernière *batterie* sur la tabatière, sert aussi de SIGNE DE RECONNAISSANCE.

MOT SACRÉ. *Josoée.* Sur le tombeau du Grand Alexandre, on lit : *Le Temps vient à bout de tout.*

Sur les 3 portes de la tour, on lit :
- Le *Passé* m'a *trompé.*
- Le *Présent* me *tourmente.*
- L'*Avenir* m'*épouvante.*

CORDON. Bleu, moiré, porté en sautoir.

BIJOU. Un triangle en or, avec les lettres S. J. P. aux angles. Ces initiales indiquent : la sagesse de *Salomon*, la patience de *Job* et le repentir de l'*Enfant Prodigue.*

TABLIER. De peau blanche, doublé et bordé de vert. Sur le milieu est un cœur bordé de noir, au centre duquel est une larme rouge. Sur les côtés une hache, un coin, une cognée et le triangle; au bas, 3 découpures.

HABILLEMENT. Un habit de toile. Le Maître porte sur la tête une couronne de laurier.

MOINS DIABLE QUE NOIR.

LE SCIEUR.

LE CHARPENTIER.

Ces trois grades, qui complétaient la charbonnerie, n'étant plus pratiqués depuis fort longtemps, il devient inutile d'en produire les rituels.

Seulement, les Scieurs ont des mots sacrés incorrects dont nous croyons devoir donner la rectification :

Mots sacrés des Scieurs : *Ohet acha mahim voohet aves.*

Ils doivent être rectifiés ainsi : *Eth haschamaïm vacth haarets* (cœlum et terra).

CARBONARIA

(Charbonnerie italienne).

La *Charbonnerie* ou *Fenderie* prescrivait, en France, la charité et l'hospitalité. Elle n'avait aucun but politique ni religieux, et ne pouvait se conférer plus tard qu'au Maçon ayant le grade de *Maître*. Elle ne se composait alors que d'un grade. Les Italiens, en l'appliquant à leurs desseins, lui en ont donné trois.

La *Carbonaria italienne* est une secte politique et religieuse, qui avait pour but l'indépendance de l'Italie et la réforme de l'Église. Elle est originaire de France, où les *Carbonari* (charbonniers) étaient connus, dit-on, dans le XVe siècle, sous le nom de *Fendeurs*.

La Fenderie, selon quelques auteurs, aurait été portée, en 1515, en Italie, par l'armée commandée en personne par le roi François 1er. L'histoire du grade, comme toutes les créations de l'époque, en fait remonter l'origine aux temps de Salomon. Mais il paraîtrait que la Fenderie naquit, très-anciennement, dans les forêts du Roussillon et du Bourbonnais. Ses premiers auteurs furent, peut-être, de simples bûcherons détachés de la Charbonnerie, antérieure à la Fenderie, auxquels se joignirent des clercs et des gentilshommes, chassés de leurs foyers dans les guerres désastreuses que la France eut à soutenir sous les rois Charles VI et Charles VII.

L'esprit sombre et vindicatif de l'Italien se développe dans le *Carbonaro*, qui, de bon et paisible *cousin*, est devenu conspirateur; tandis qu'on retrouve, dans le *Fendeur*, la philosophie douce et tendre des Maçons, et peut-être bien la vive gaîté des Français.

« Des services très-importants rendus, de temps à autre, par » ses membres, déterminèrent des personnages illustres à s'y » faire admettre. On assure positivement, qu'en France, plusieurs » membres du Parlement y furent admis de 1770 à 1790. » (*Esprit du dogme de la Francmaçonnerie*, p. 277.)

La Charbonnerie italienne éleva ses prétentions jusqu'à la politique. En 1814, les Carbonari excitèrent des troubles dans la Calabre, et le roi de Naples leur fit défense de s'assembler.

On peut consulter l'ouvrage de M. *Saint-Edme*, intitulé : *Constitution et organisation des Carbonari* (en Italie), 1 vol. in-8°. Paris, 1821.

NOTICE ET DOCUMENTS

SUR

LES CARBONARI, LES CALDERARI, COMMUNEROS, ETC.

« Carbonari, nom pluriel italien (au singulier *carbonaro*, charbonnier), désignait, sous la Restauration, les affiliés à une société secrète dont le but était le *renversement de la monarchie*. L'association des Carbonari tire son origine d'Italie; dès 1819, la Corse comptait bon nombre d'associés. Le gouvernement de Louis XVIII connut la formation de cette société, mais comme les Carbonari étaient alors peu nombreux, il crut plus sage de les tolérer que de les poursuivre. Une circulaire du ministre d'alors portait que des poursuites décèleraient une crainte que de pareilles sociétés ne peuvent inspirer. Après les insurrections qui éclatèrent à Naples et en Piémont, et où la Charbonnerie montra sa force, *Dugied* introduisit cette société en France. Le 1ᵉʳ mai 1821, *Bazard*, *Buchez*, *Guinard*, *Corcelles* fils, *Flottard*, *Sautelet* et *Caïrol* en prirent la direction. Peu nombreuse à son début, la Charbonnerie se répandit rapidement dans toute la France. Elle comptait dans son sein, les hommes les plus influents de l'opposition d'alors : *Dupont de l'Eure*, *d'Argenson*, *Corcelles*, *Beauséjour*, *Schonen*,

Lafayette, Kœchlin, tous députés ; *Mauguin, Barthe, Mérilhou, Cabet, Trélat, Degeorges, Cauchois-Lemaire, Arnold Scheffer,* etc. en faisaient également partie.

» Les Carbonari se divisaient en plusieurs groupes appelés *ventes* ; il y avait des ventes particulières, des ventes centrales, de hautes ventes, et enfin une vente suprême, dont les membres étaient inconnus, et qui formaient une espèce de gouvernement provisoire. Les ventes particulières étaient le 1er échelon de la Charbonnerie ; on ne pouvait être admis que sur la présentation d'un nombre déterminé de Carbonari, qui répondaient du patriotisme du récipiendaire. Le nouvel affilié *jurait,* sur un poignard, *haine à la royauté.* Chaque vente se composait de moins de vingt associés, dont un était *président,* un autre *censeur,* un 3e *député.* Les censeurs étaient chargés de surveiller les ventes secondaires ; les députés, au contraire, communiquaient avec les ventes supérieures ; dix de ces députés formaient une *vente centrale.* De cette manière, les ventes particulières n'étaient reliées aux ventes centrales que par le censeur, tandis que les ventes centrales correspondaient avec la haute vente par l'intermédiaire des députés. Cette organisation assurait aux carbonari la possibilité de déjouer les efforts de la police ; en outre, les affiliés promettaient, sous la foi du serment, de ne jamais chercher à pénétrer d'une vente dans une autre. Quand un membre de la Charbonnerie manquait à son serment, *il était condamné à mort.* Les députés et les censeurs communiquaient l'unité d'action et de pensée à toute la Charbonnerie. Les Carbonari conservaient de la Francmaçonnerie, d'où ils découlaient, les mots d'ordre, les mots de passe, les mots sacrés, les saluts, les signes de reconnaissance, enfin les rites des enfants de Salomon [1] ; c'était là le côté mystique de la société.

» A côté de cette Charbonnerie civile, que nous venons de tracer, il existait encore une organisation purement militaire et qui était divisée en *légions, cohortes, centuries et manipules.* Quand la

---

[1] La rédaction de ce passage prouve évidemment que l'auteur de cet article est tout à fait étranger à la Francmaçonnerie.

Charbonnerie se réunissent, soit pour traiter des intérêts locaux,
soit pour discuter sur les choses politiques, la partie militaire
était considérée comme non avenue; quand, au contraire, on
était à la veille d'une insurrection et qu'on se réunissait en armes, le côté civil disparaissait.

» Le but des Carbonari était indéterminé; mais la pensée avé-
rée et reconnue de tous était *la destruction des rois et l'appel au
peuple pour la création d'un nouvel ordre de choses*. Tout Carbonaro devait avoir un fusil et cinquante cartouches; les récipiendaires versaient à la caisse de la société 5 francs le jour de
leur réception, et un franc par mois pour leur cotisation.

» Les Carbonari se multiplièrent rapidement en France : dès
1821, trente-cinq préfets avaient annoncé la formation de sociétés de *Carbonari* organisés sur divers points de leur départe-
ment; dans l'année 1822, on comptait déjà 60,000 *Charbonniers*.
Dans les principales villes de France : à Poitiers, à Niort, à Colmar, à Nantes, à Béfort, à Bordeaux, à Toulouse, les Carbonari
étaient préparés pour un mouvement insurrectionnel. Le moment
d'agir étant enfin arrivé, l'ordre partit de la vente suprême : on
se mit en marche sur Béfort; mais à peine le mouvement éclatait
dans cette ville, qu'il était comprimé par suite de la trahison de
quelques affidés. Les Carbonari ne se relevèrent pas de ce premier
échec. « La Charbonnerie, dit *Louis Blanc*, ne fit plus, depuis,
» que se traîner dans le sang de ses martyrs. Le gouvernement
» organisa contre elle un vaste et hideux système de provoca-
» tions. *Berton*[1], cœur indomptable, avait refusé l'hospitalité qui
» l'attendait sur une terre étrangère. Il rentre dans la lice, et,
» trahi par Wolfel, il meurt sans s'étonner, sans se plaindre, en
» homme depuis longtemps convaincu que sa vie appartient au
» bourreau. Parmi ses compagnons d'infortune, deux demandent
» grâce. mais *Saugé* pousse, sur l'échafaud, le cri de *Vive la*

[1] BERTON (J.-B. baron), général, chef d'un complot contre les Bourbons, est né à Francheval, près Sédan, en 1760, condamné à mort par la
cour royale de Poitiers, il fut exécuté en 1822. Son arrestation et son
procès présentèrent les circonstances les plus odieuses d'arbitraire et d'illé-
galité. (*Biographie portative univ.*)

» *République*[1] comme une prophétie vengeresse ; et *Caffé*, préve-
» nant ses ennemis, s'ouvre les veines et meurt à la manière an-
» tique. *Caron*[1] est condamné au supplice ; on lui refuse la dou-
» ceur amère d'embrasser, avant de dire adieu à la vie, sa femme
» et ses enfants : il meurt comme était mort le maréchal Ney.
» Le courage me manque pour aller plus loin et pour vous suivre
» jusqu'à cette place de Grève, où vos têtes roulèrent après qu'aux
» yeux d'une foule attendrie, vos âmes se furent réunies dans un
» suprême embrassement, ô *Bories*[2], et *vous*[3], dignes compa-
» gnons de ce jeune homme immortel ! La Restauration attaquée,
» avait certainement le droit de se défendre, mais non de se dé-
» fendre par le guet-apens ; car c'était faire de la peine de mort
» un assassinat. » (*J.-B. Soular*, art. du *Dict. univ.*)

Nota. Ce qu'il y a de fort curieux, c'est que les *Carbonari* ont
invoqué en leur faveur un bref pontifical d'approbation, que
Pie VII qui, en août 1814, n'avait plus besoin de pareils auxiliai-
res, eut bien soin, dans son édit du 15 août, de déclarer faux et
controuvé.

[1] CARON (Augustin-Jos.), lieuten.-colonel des dragons, né en 1773. Il
fut arrêté en 1822, après avoir déjà subi une 1re accusation en 1820,
comme chef d'un complot ayant pour but de mettre sur le trône Napoléon II. Il fut condamné à mort et fusillé à Colmar. La prétendue conspiration dans laquelle on l'impliqua avait été organisée par la police. (*idem*).

[2] BORIES, sergent-major de 45e de ligne, né à Villefranche (Aveyron),
en 1795, exécuté en 1822, comme complice de la conspiration de la Rochelle
contre les Bourbons.

[3] Les trois sergents de la Rochelle.

SUR LES CALDERARI (CHAUDRONNIERS.)

« Nom d'une société politique italienne, qui affectait d'être secrète, et qui combattait les *Carbonari*. La société des *Calderari* date de 1813; elle fut composée, dès son origine, d'un grand nombre d'individus exclus des Carbonari. Après le retour de Ferdinand à Naples, son ministre de la police favorisa les Calderari pour combattre, par leur moyen, avec plus d'énergie, le Carbonarisme[1]. Il leur donna une nouvelle organisation, les classa en curies sous la surveillance d'une curie centrale. Il y avait une de ces curies dans chaque province napolitaine, et les sociétaires portaient le nom de *Calderari del contrapeso*. Ils défendaient, avant tout, la cause du royalisme, et se recrutaient parmi les hommes les plus avilis par le fanatisme bigot et l'absolutisme bourbonnien. Ils ne furent, avant comme après la Restauration des Bourbons de Naples, que la continuation des partis enrôlés, 1799, par le cardinal Ruffo. » (*Diction. univer.*)

DES CARBONARI ET DES CALDERARI.

« L'effet des associations secrètes en Italie a été de faire entendre ces mots que l'on y prescrit aujourd'hui : *Liberté, égalité des droits, régime constitutionnel.*

» L'Europe attentive a vu les résultats et n'a pas, du moins généralement, connu les causes. Dans l'association des *Carbonari* et des *Calderari*, dévoilée par des documents publiés dans le temps, on découvre les sources secrètes d'où sortent les révo-

[1] Les Carbonari soutenaient, dit-on, le régime impérial établi par les Français. » (Dict. de *N. Landais*.)

...aires qui choquent les institutions des peuples et renversent le
... le despotisme.

» Les Carbonari et les Calderari (charbonniers et chaudron-
niers), sont deux sociétés secrètes, autrefois distinctes et oppo-
sées, mais réunies pendant 1820. Leur origine est commune,
leurs principes sont politiques et religieux.

» Les membres promettent fidélité et obéissance aux lois, respect à ceux qui administrent équitablement la justice, haine à la
tyrannie, à laquelle ils attribuent la mort de Jésus-Christ.

» Le commerce du charbon a fourni les mots symboliques des
Carbonari. La *Carbonaria* est le nom de la société; *Barrache*, le
nom donné aux réunions.

» Sont membres de la société, non-seulement les hommes du
peuple, mais encore les nobles et les prêtres. On y voyait le grand
seigneur, le magistrat, le bourgeois, le paysan, le soldat, le ma-
rin, le lazzarone, etc.

» L'institution a pour but de purger les *Apennins des loups
rapaces*. Par *loups rapaces*, on entend les *oppresseurs du peuple
et tous les délégués du pouvoir qui se rendent coupables d'actes
arbitraires*.

» On voit régner dans les Barraches la liberté et l'égalité évan-
géliques. On pourrait, dit-on, « citer des juges, des intendants,
» des commissaires et des syndics, qui, depuis leur initiation, se
» sont montrés des modèles de justice, de courage et de bienfai-
» sance. L'Abruzze et la Calabre ont été témoins des plus éton-
» nantes conversions dans ce genre : des bandits qui infestaient
» les montagnes, ont quitté le tromblon pour la bêche, tant ils
» avaient été édifiés par la *parole sacrée*. »

» En 1812, la reine Caroline, femme de Ferdinand IV, qui, en
1773, s'était montrée la généreuse protectrice des Francs-maçons
persécutés à Naples, fonda les Carbonari. Son but était de renverser le gouvernement de Joachim Murat. Elle ne recueillit pas
le fruit de ses soins. Ses intrigues politiques, l'exécration qu'a-
vaient inspirée à ses anciens sujets les crimes de ses partisans,
en 1797 et 1799, lui ravirent la popularité qu'elle avait espérée
et elle se retira à Constantinople.

» Le roi Joachim ne sut pas profiter habilement de sa position, des fautes de la reine, de l'horreur que les partisans de cette princesse se plaisaient isolément à entretenir. Au lieu de s'attacher tous les Carbonari, il les divisa par une réforme mal conçue et mal exécutée. Après la funeste bataille de Leipzig, il créa les *Calderari*.

» Maladresse et peur lui ravirent les deux fractions de la Société. Elles payèrent à leur tour leur défection.

» Après la mort de Joachim, Ferdinand confia le ministère de la police au prince Canosa, son compagnon d'exil; celui-ci fonda, sous le titre de : *Associazione del Calderari del contropeso*, une contrepartie des deux sociétés, où il admit des hommes dévoués, entre autres, les Carbonari et Calderari qui avaient des antécédents de pur royalisme et qu'il avait achetés par de l'or et des promesses; les autres, ainsi que les *Francsmaçons*, furent proscrits. Ferdinand lui-même s'effraya des partisans de son ministre; il l'exila et proscrivit, sans distinction, toutes les anciennes sociétés secrètes.

» Nous terminons cet aperçu en transcrivant textuellement cette partie des documents historiques qui ont été publiés.

» Les *Carbonari*, alarmés des persécutions qui les menaçaient,
» resserrèrent plus fortement les liens qui les unissaient les uns
» aux autres, et firent le serment de se défendre jusqu'à l'extré-
» mité : jamais serment ne fut plus respecté. Depuis cette époque,
» les *Calderari* sont restés tranquilles ; leur nombre même a di-
» minué, tandis que les *Carbonari*, après avoir introduit des
» améliorations dans leur société, l'ont vu s'accroître indéfini-
» ment ; on en comptait près de 300,000 dans les royaumes de
» Naples et de Sicile, mais principalement dans les Calabres et
» dans les Abruzzes. Ils se sont étendus rapidement dans toute
» l'Italie, et l'on en trouve quelques-uns en Espagne, en Allema-
» gne et en France. » (Code des Francsmaçons, par *Bazot*.)

ESPÈCES DE CARBONARI ESPAGNOLS.

Les Enfants de Padille (Padilla).
Les Fils de la Veuve.

Ces sociétés qui n'avaient qu'un but, *la liberté*, succédèrent à la fermeture des loges espagnoles, à la restauration du roi *Ferdinand*, et apparurent les Pyrénées au fond de l'Andalousie en 1815, époque à laquelle les sociétés secrètes commençaient à faire sentir leur action en France.

SECTES POLITIQUES EN ITALIE.

« Les mouvements politiques qui ont lieu dans l'Italie depuis trente ans, ont été l'œuvre du *carbonarisme* et de la *Jeune-Italie*. Ces deux sectes se sont fondues dans une association qui porte le nom d'*Italie réunie*. C'est à cette association qu'il paraît réservé, tôt ou tard, de tenter une levée de boucliers. Cette association secrète, qui s'identifie avec le carbonarisme de la Jeune-Italie, a pour but le renversement des trônes et de toute l'influence étrangère. Elle veut établir *l'unité italienne*, rendre l'Italie forte et indépendante et la purger de tout élément hétérogène. Elle est divisée en *cercles*. Chaque cercle compte 40 membres au plus ; chaque cercle a un président, 4 conseillers, un questeur et un maître. Tous les autres membres se nomment *associés*. Il y a 5 degrés de cercle : le grand conseil, le cercle général, le cercle provincial, le cercle de district et le cercle de commune.

» Tous les membres de l'association se divisent en 3 *ordres*, savoir : 1º adeptes réunis ou simples unitariens ; 2º les présidents et les conseillers des divers cercles ; 3º les grands unitariens ou membres du grand cercle et présidents du cercle général. Les grands unitariens connaissent seuls le but de la société et sont

informés des moyens d'action violents qu'il s'agit d'employer. La
société a *3 mots d'ordre secrets;* les associés en savent un, les
unitaires deux et les grands unitariens connaissent les 3. Le grand
conseil, comme pouvoir suprême et absolu, se compose de sept
grands unitariens. Chaque membre doit obéissance passive et
aveugle à ses ordres. Il y a 3 cercles généraux : à Rome, à Turin,
à Milan, à Venise, à Florence, à Naples, à Palerme et à Cagliari
Un grand unitarien a la présidence.

» En ce qui concerne les cercles provinciaux et de districts, ils
peuvent conserver les divisions territoriales actuelles. Les cotisa-
tions sont recueillies après chaque séance de cercle par le questeur. Le denier de l'ouvrier a le même prix que la pièce d'or du
riche. Une partie des recettes est employée, par chaque cercle,
pour ses dépenses; le reste est envoyé au grand cercle, lequel
décide des grandes affaires qui exigent les grands moyens. Les
unitaires ont le droit de recevoir des adeptes.

» Chaque associé peut présenter des candidats. On cherche surtout à faire de la propagande parmi les militaires; et les distinc-
tions les plus grandes leur sont offertes. On prend aussi des ouvriers et des personnes de classes inférieures. S'ils possèdent les
connaissances nécessaires, ils doivent obtenir la préférence pour
le rang d'unitarien. Ils peuvent eux-mêmes organiser un cercle
où ils sont les présidents. Il faut que chaque candidat subisse un
examen sévère. Après l'avoir passé et avoir prêté serment, il reçoit le *mot d'ordre,* les *insignes* et la *médaille.* La désobéissance et
la violation de secret sont punis de mort. Chaque membre a le
droit d'exiger protection et secours. Si un adepte pauvre meurt,
l'association se charge de ses enfants, surtout s'il meurt pour la
sainte cause de la liberté. Tous les 3 mois, on remet au grand
conseil des listes exactes de tous les membres de la société. Ces
listes, qui sont secrètes, doivent contenir des renseignements sur
l'état, les relations de famille, la fortune, la capacité, l'âge, l'influence et les rapports sociaux de chaque adepte. Chaque grand
unitarien est muni d'instructions secrètes pour pouvoir résoudre
tous les doutes et aplanir toutes les difficultés. » (*Constitutionnel*
du 18 juin 1852, qui l'a extrait de la *Gazette d'Augsbourg.*)

DES COMMUNEROS ESPAGNOLS.

La société des Communeros fut fondée en 1820 par des frères dissidents, aux yeux desquels les bases sociales et philanthropiques de la maçonnerie paraissaient insuffisantes. Son nom fut emprunté à la grande ligue des communes (*villes de Castille*) formée en 1520 par don Juan de *Padilla*, l'un des plus ardents défenseurs du parti national révolté contre Charles-Quint. Cette société est une branche des *Vengadores de Alibaud* (les vengeurs d'Alibaud). Les doctrines des nouveaux *Communeros* sont d'un caractère des plus exaltés, surtout si l'on en juge par ce serment que prêtent les récipiendaires :

« Je jure de mettre à mort quiconque me sera désigné comme » traître par la société, et si je manque d'accomplir cette pro- » messe, que ma tête tombe sous la hache, que mes restes soient » consumés par le feu et mes cendres jetées au vent. »

Peu de temps après sa fondation, la société comptait plus de 40,000 membres de toutes classes, parmi lesquels se trouvaient des femmes, dont le nombre était assez grand pour former des sociétés distinctes.

On assure que l'infant don *François de Paule*, oncle de la reine Isabelle II (année 1847), appartient à cette société.

TUGEND-BUND,

SOCIÉTÉ UNIE POUR LA PROPAGATION DE LA VERTU OU AMIS DE LA VERTU.

« L'influence que la domination française exerçait, au commencement du XIX⁰ siècle, sur l'Europe entière, inspira aux peuples de l'Allemagne, qui ne se laissaient ni éblouir ni intimider par les armes et par la politique de l'empereur des Français, un sentiment patriotique qui devint plus vif à mesure que la fierté germanique était humiliée. Ce sentiment se fortifiait en silence, et il fut bientôt, pour les esprits méditatifs, une espèce de culte secret qui réagissait non-seulement sur l'esprit des amis de l'indépendance nationale, mais encore sur celui de la nation entière.

» Un philosophe allemand osa le premier paraître dans cette arène effrayante, où le danger était à chaque pas. L'ouvrage que publia, en 1806, le professeur *Arndt*, sous le titre de l'*Esprit du temps*, concourut puissamment à faire éclater l'enthousiasme patriotique. Toutefois, l'ouvrage n'eut pas d'abord le succès général que son auteur s'en était promis. L'auteur lui-même, effrayé de son audace, prit la fuite et se réfugia en Suède.

» Mais comme il était le chef de la *Société unie pour la propagation de la vertu* (TUGEND-BUND) ou *Amis de la vertu*, qui comptait parmi ses membres le fougueux Blücher, depuis, prince de Wahlstadt et feld-maréchal prussien, il entretint une correspondance avec la société qui opéra bientôt des mouvements extraordinaires sur l'esprit public. L'Allemagne se réunit à vingt peuples que la trahison et les funestes campagnes de Russie, en 1812, rendirent audacieux, insolents et avides. Ils le furent impunément. Des traîtres domestiques avaient blessé le lion au cœur.

» Cette société secrète ranima, il est vrai, dans l'âme des Germains, la vive et sainte affection que chaque peuple porte au so où il est attaché ; mais elle ne produisit pas cet effet salutaire qui régénère les nations, rétablit les droits des citoyens, et fait triompher les idées libérales, filles immortelles de l'esprit humain. Et cependant cette société, tout hostile contre la France, autorisée et protégée par le gouvernement, en 1813, comme *patriotique*, fut persécutée après la guerre et le succès, comme *constitutionnelle*, autrement *démagogique*. Elle fut un fruit salutaire dont on exprima la liqueur, et dont ensuite on rejeta dédaigneusement l'écorce.

» Les Allemands, qui s'étaient si énergiquement soustraits au joug étranger, humilièrent bassement leur front devant leurs anciens maîtres. L'histoire de *Sand*, considérée uniquement sous le rapport moral est, peut-être, l'histoire même d'un peuple qui fut un moment digne de servir de modèle à toutes les nations jalouses de leur indépendance, de ces nations énergiques qui haissent patriotiquement, mais n'assassinent pas. »

C'est en historien impartial et qui déteste les meurtriers quels qu'ils soient, que nous rapportons ici, comme appartenant à cette notice, l'action tristement mémorable de l'étudiant d'Iéna.

« Né en 1795, à Wunsiedel, dans le margraviat de Bayreuth, en Saxe, *Charles-Louis* SAND fit ses premières études au gymnase de Regensbourg, sous le professeur Klein, puis alla à Tubingue et suivit les leçons du savant Eschennemeyer; il étudiait pour être ministre de l'Évangile, dont le rendaient digne le caractère le plus doux et les mœurs les plus pures.

» Patriote ardent, il partagea l'enthousiasme de la jeunesse allemande et se rangea sous les drapeaux de l'indépendance. Il fit avec bravoure les campagnes de 1813 et 1814, et reprit les armes après le retour en France de Napoléon, en 1815.

» Rentré de nouveau dans ses foyers, il suivit les cours des célèbres universités d'Erlangen et d'Iéna. Sand croyait que la paix allait rendre à sa patrie la liberté incontestée dont elle avait joui pendant la guerre contre la France, et que toute l'Allemagne connaîtrait enfin les bienfaits de cette liberté. Vaine espérance! le despotisme qui ne gardait plus de mesure, l'oligarchie qui, de nouveau, pesait de tout son poids sur un peuple généreux, exaltèrent son imagination et le détachèrent de tout ce qui n'était pas l'intérêt de la patrie. L'amende, la prison ou l'exil punissait les écrivains courageux qui élevaient la voix en faveur du peuple; et les hommes dévoués au pouvoir, les folliculaires salariés, hommes plus vils encore, outrageaient chaque jour les droits les plus chers des citoyens et étaient scandaleusement récompensés par de l'argent, des titres et des honneurs. Parmi ces derniers, Kotzebue, reniant ses doctrines passées [1], se faisait remarquer.

---

[1] KOTZEBUE (Aug.-Fréd.-Fer. de), célèbre et fécond littérateur allemand, auteur dramatique, historien, écrivain politique, né à Weimar (Saxe) en 1761, passa en Russie à l'âge de 20 ans, y exerça des fonctions importantes et finit par se fixer à Berlin, en 1806. Il eut une grande part à

Une certaine célébrité littéraire que le temps a singulièrement
diminuée; le parti qu'il prit contre les universités allemandes
dont il censurait amèrement les idées trop en harmonie avec les
institutions modernes; l'approbation, indigne de la noble profes-
sion des lettres, qu'il donna aux mesures de rigueur déployées
par le gouvernement hanovrien, à l'occasion des troubles de
l'Université de Gœttingue, firent une impression si profonde sur
Sand et sur ces condisciples, que ces jeunes gens, membres d'une
association renouvelée de l'implacable *Tribunal secret* des XIII⁰
et XIV⁰ siècles, jurèrent sa mort et laissèrent au hasard le soin de
décider quel serait celui qui porterait le coup mortel au journa-
liste stipendié du despotisme; ce fut *Sand*. Insensé comme eux, il
accepta cette horrible mission, comme si la cause de la liberté,
qui parle à tous les cœurs généreux, ne trouvait de force pour
triompher que dans un poignard assassin! *Sand* partit d'Iéna le
9 mars 1819, vêtu de l'ancien costume allemand; il arriva à
Manheim le 23 au matin et s'écria, en descendant de voiture:
Vivat Teutonia! Le même jour, il se rendit deux fois chez Kotzebue, faisant annoncer qu'il était porteur de lettres; le soir, il
retourna encore, et cette fois, à cinq heures, il fut admis dans le
cabinet de l'homme qu'il devait immoler. Aussitôt que Sand aper-
çoit Kotzebue, sans remords, sans incertitude, il s'élance sur lui
et lui porte un coup mortel. Lorsqu'on accourut aux cris de la
victime, Sand se releva, sortit en écartant avec violence quiconque s'opposait à son passage, et arriva sur la place publique. Là,

la rédaction des pièces diplomatiques du cabinet russe (1810-1812); fut
nommé par Alexandre consul général de Russie à Kœnigsberg (1815), et
chargé par lui d'observer l'état de l'opinion publique en Allemagne (1817).
Cet espionnage et la violence de ses écrits, hostiles aux idées libérales
qu'il avait abandonnées, ayant irrité les esprits, un jeune étudiant allemand, *Sand*. le tua d'un coup de poignard à Manheim (1819). — Il a
composé 98 pièces de théâtre, dont les plus célèbres sont : *les Deux
Frères, Misanthropie et Repentir, Gustave Wasa, les Hussites, Octavie,
Rolla, Grotius; Histoire de la Prusse*, 1802, 4 vol. in-8⁰; *Histoire de
l'Empire d'Allemagne*, 1814-1815, in-8⁰. Ses œuvres complètes ont été
publiées, Leipzig, 1827, et années suivantes, 44 vol. in-12. La plupart
de ses œuvres littéraires ont été traduites en français.

il se mit à genoux; il élevait d'une main un papier, de l'autre il tenait un poignard. Dans cette position, il s'écria d'une voix forte : *Ainsi périssent tous les traîtres! ô mes concitoyens! vous êtes vengés : je suis le meurtrier!* En achevant ces mots, il se frappa plusieurs coups de son poignard et dit au dernier : *Et consummatum est.* Il perdit connaissance. Le papier portait ces mots : *Coup mortel pour Auguste Kotzebue : la vertu est dans l'union et dans la liberté.* Après avoir langui plus d'une année, Sand, qui avait été condamné à mort, fut décapité. Il était âgé de vingt-trois ans. » (*Bazot,* Code des Francsmaçons.)

AIDE-TOI.

Aide-toi. Nom d'une société politique qui, sous la *Restauration des Bourbons,* en France, lutta contre le pouvoir monarchique et clérical.

SOCIÉTÉ SECRÈTE DES CHARBONNIERS, A PARIS.

Le 1er mai 1821, trois jeune gens nommés *Boissard, Flotard* et *Buchez,* assis devant une table ronde, rue Copeau, conçurent cette charbonnerie. Ils s'adjoignirent MM. *Duglers, Carriol, Jaubert* et *Lamperain,* et donnèrent à leur association le nom de HAUTE VENTE, qui se subdivisa en *ventes centrales.* Au-dessous de celles-ci étaient des *ventes particulières,* composées chacune de vingt membres (nombre toléré par la loi).

Deux membres de la haute vente s'adjoignaient un tiers et le faisaient *président* de la vente future, dont ils prenaient le titre, l'un de *député* pour correspondre avec l'association supérieure, et l'autre de *censeur* pour correspondre avec l'association secondaire, dont la haute vente était maîtresse régulatrice.

Le Charbonnier d'une vente ne pouvait, sous peine de mort, s'introduire dans une autre vente. Le devoir de chacun était d'avoir un fusil, cinquante cartouches, de s'exercer au maniement des armes ; d'être prêt à se dévouer et d'obéir aveuglément aux ordres de chefs inconnus.

SOCIÉTÉ DES AMIS DU PEUPLE.

Cette société tenait, dans les premiers mois de son existence, avant la révolution de juin, des séances publiques au manége Peltier. On s'y essayait à la vie publique. Les hommes nés obscurs voulaient agrandir leur destinée ; la société entretenait avec les départements des relations assidues ; elle arma à ses frais un bataillon qu'elle envoya au secours de la Belgique, secondée par l'intelligence de leur secrétaire, M. *Félix Avil*.

La persécution de ces sociétés engendra la fameuse

SOCIÉTÉ DES DROITS DE L'HOMME.

Le but de celle-ci était de changer la forme du gouvernement et l'organisation sociale tout entière. Par des émeutes répétées, elle préluda à la révolte dont elle osa lever l'étendard dans les journées des 5 et 6 juin 1832.

Cette société des Droits de l'homme se forma vers la fin de 1832, d'un débris de celle des Amis du peuple et d'autres associations, dissoutes par arrêt de la Cour de Paris en 1834. Elle n'en subsista pas moins de fait, et ses sections continuèrent de se rassembler.

Après l'insurrection d'avril 1834, la société des Droits de l'homme renaquit de ses cendres sous le nom de

SOCIÉTÉ DES FAMILLES.

Cette société fut, à son tour, frappée par la loi de 1837.

A l'insurrection du 12 mai 1839, les révoltes appartenaient à la

SOCIÉTÉ DU PRINTEMPS OU DES SAISONS.

La plus petite subdivision de cette nouvelle société se composait de six hommes et d'un chef, formant une *Semaine* dont le chef s'appelait *Dimanche*. 4 semaines composaient un *mois*, et faisaient 29 hommes et un chef appelé *Juillet*; 3 mois formaient une *Saison*, commandé par un chef nommé *Printemps*, et 4 Saisons formaient une *année*, dont le commandant s'appelait *Agent révolutionnaire*. On n'a compté que trois années commandées par *Barbès, Blanqui, Martin-Bernard*.

La dissolution de la *Société des Familles* et de celle des *Saisons* a provoqué la formation de la

SOCIÉTÉ DES TRAVAILLEURS ÉGALITAIRES.

De cette dernière sont sortis *Darenas* et *Martin*, dit *Albert*, membre du Gouvernement provisoire. Elle avait des subdivision prenant les noms de *métiers, ateliers, fabriques*, etc.

A ces sociétés secrètes et redoutables ont succédé les CLUBS en février 1848.

Néanmoins, la société des Droits de l'homme, qui s'est reformée en 1848, fut toujours existante.

CLUB MAÇONNIQUE

Avant les élections de l'Assemblée nationale, un CLUB MAÇONNIQUE s'était fondé à Paris et avait fait une *déclaration de principes* avec l'indication des *garanties à exiger* des candidats à la représentation nationale. Elle est rapportée en entier dans *la Revue maçonnique* de Lyon, 11e année (1848), p. 108 à 110.

Voir, dans la même Revue, p. 154, la discussion dans la séance du 24 juillet 1848, du projet de loi *sur les clubs*, à l'Assemblée nationale, *partie relative à la Francmaçonnerie*. Et dans le journal *le Francmaçon*, 1re année, p. 65[1].

---

[1] **Sociétés secrètes (anciennes)**, organisées contre l'oppression.

De tout temps, il y eut des sociétés secrètes organisées contre l'oppression, telles que :

Association des frères Roschild, ou du Bouclier Rouge, en 1140.

Chevaliers du désert, 12e siècle.

Société de la Bonne Volonté, 14e siècle.

Société des Francs Juges, ou Tribunal Secret, 14e siècle.

Société des Siffleurs, 16e siècle.

Association maçonnique (singulière), en 1204, (N. le *Tuileur général*), V. en 1804.

Société des Francs-Penseurs, en 1813.

Société de la Némésis, en 1842.

Tribunal révolutionnaire un et indivisible, en 1842.

Associations exécrables.

Des invisibles.

Des 7 épées.

Des Princes de la mort.

Des Francs-Juges, cités ci-dessus.

Les Vengadores d'Alibaud.

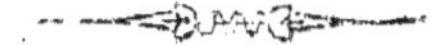

TABLE ANALYTIQUE DES MATIÈRES.

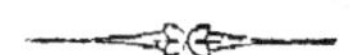

FIN DE LA TABLE.

FRANCMAÇONNERIE

RITUEL

DE LA MAÇONNERIE

DE

ROYALE-ARCHE

IMPROPREMENT APPELÉE

RITE D'YORK

FRANCMAÇONNERIE

RITUEL DE LA MAÇONNERIE

DE

ROYALE-ARCHE

IMPROPREMENT APPELÉE

RITE D'YORK

CONTENANT

UNE NOTICE SCIENTIFIQUE ET ANECDOTIQUE SUR LE NOMBRE 4,
ET SUR L'ESPRIT DE LA FRANCMAÇONNERIE AUX ÉTATS-UNIS D'AMÉRIQUE
SUIVANT LE RITE D'YORK

Par J.-M. RAGON

Ancien Vénérable, Fondateur des trois Ateliers des *Trinosophes*, à Paris,
Auteur du *Cours interprétatif des Initiations*, etc.

PARIS

RITUEL

DE LA MAÇONNERIE

DE

ROYALE-ARCHE

IMPROPREMENT APPELÉE

RITE D'YORK

———————— ‹•›♦‹•› ————————

Les Loges toujours si sages de l'Angleterre n'ont su, pas plus que celles des autres nations, se garantir de l'invasion des hauts grades. Elles virent s'établir à Londres, une nouvelle initiation appelée la *Maçonnerie de Royale-Arche*. Ce système, insignifiant et tout salomonien, fut inventé en Écosse par les Jésuites, en 1777. Ils le portèrent en Angleterre où on le surnomma, fort mal à propos, *rite des anciens free masons* (maçons de pratique) : ces ouvriers bâtisseurs n'avaient qu'une initiation, leur *maîtrise*, bien différente de celle de la Francmaçonnerie. C'est cependant à ce surnom que cette maçonnerie doit la dénomination de RITE D'YORK, York était alors le chef-lieu des corporations des *free masons* d'Angleterre [1].

[1] Il est à remarquer qu'il est le seul rite créé en Écosse, et qui n'en porte pas le nom.

Ce rite est composé de *quatre* grades, nombre des vœux de la société de Jésus, et ce nombre domine dans le rite.

1 *Past-master* (passé maître) ou excellent mason.

2 *Mark-master* (maître de marque) ou excellent mason.

3 *Très-excellent maçon* (super excellent mason).

4 *Sainte-Royale-Arche* (holy Royal arch.)

PAST-MASTER (PASSÉ MAITRE), N° 1.

Ancien grade donnant la faculté de présider les Loges.

Nul ne pouvait présider en titre une loge, s'il n'était au moins *Maitre*, et s'il n'était revêtu du grade de *Past-Master*. Ce grade, qui ne figure point dans la série des 33 degrés, était considéré comme le complément de la maitrise, et, sous ce rapport, pratiqué dans les loges anglaises.

Décoration de la loge. Tenture rouge.

Titres. Les mêmes que dans les grades précédents.

Signe. Mettre 2 doigts de la main droite derrière l'oreille droite.

Attouchement. S'accrocher réciproquement par le petit doigt de la main droite, les autres doigts étant fermés, et se joignant mutuellement le pouce.

Batterie. Quatre coups égaux.... !

Marche. Quatre pas ordinaires. Le récipiendaire fait 4 *voyages*.

Mot de passe. *Zabulon*[1]. (En hébr. *Z'buloun, habitacle par excellence, le ciel, la demeure de Dieu.*)

------

[1] Nous possédons, depuis 1805, le rituel de ce grade portant le timbre de *la Grande-Loge écossaise de France*, où ce mot se trouve étrangement défiguré par les copistes qui ont écrit *Chabullum* qui n'a aucune signification ; ce qui doit prouver aux autorités maçonniques qu'un bon tuileur est indispensable.

Mot sacré. Il se donne dans l'attouchement en tournant un peu la main : le 1er dit : *What shall we make whit the stone?* (Que ferons-nous de cette pierre?) RÉPONSE : *Heave it over* (portons-le plus loin.).

Bijou. Une médaille en or, dans le champ de laquelle sont les col∴ B∴ et J∴ ; entre elles est l'étoile flamboyante avec l'jod dans le centre; autour, pour exergue, sont les lettres H∴ T∴ S∴ T∴ K∴ S∴, initiales des mots : *Hiram, Tyr, Salut* et *prospérité, Thot* ou Dieu, *King,* roi, *Salomon.*

Quand un Maçon de ce grade se trouvait dans le besoin, il envoyait sa médaille à un F∴ *passé Maître,* en lui demandant des secours. Si le F∴ qui reçoit la médaille la garde en envoyant le secours qu'on lui a demandé, c'est une preuve qu'en la retirant, il faut rendre les métaux ; si, au contraire, il la renvoyait, c'est un don qu'il faisait.

Cet usage est basé sur ce récit biblique : Salomon, bâtissant le temple, se trouva avoir besoin de bois; il s'adressa à Hiram, roi de Tyr, à qui il envoya sa médaille jusqu'à ce qu'il pût remplir l'emprunt qu'il faisait ; mais le roi lui renvoya sa médaille, en lui écrivant qu'il se trouvait heureux de pouvoir contribuer à l'édifice qu'il élevait au G∴ A∴ de l'U∴.

D'anciennes loges françaises, pour tenir lieu du *Past-Master,* grade anglais, avaient fait un extrait du rituel du *Vénérable Maître de loge,* grade fort déplacé comme 20e degré puisqu'il n'est que le complément du 3e.

GRADE DE MARK-MASON, Nᵃ 2.

Ce 2e degré repose allégoriquement sur une clé de voûte qui aurait appartenu à l'arcade principale du temple de Salomon, et sur la découverte du *trésor caché* renfermant les emblèmes de l'ancienne loi. On retrouve le même sujet à *Upsal*, dans la Maçonnerie suédoise.

DÉCORATION DE LA LOGE. Comme la loge symbolique, et, de plus, décorée en colonnes blanches et les espaces noirs.

DIGNITAIRES. Un G∴-Maître ;

2 Surveillants ;
1 Secrétaire ;
1 Trésorier ;
1 Expert ; -
1 M^e des Cérémonies :
1 Garde du Temple.

OUVERTURE DE LA LOGE. Le G∴-M^e : *F∴ Garde du Temple, quel est le 1er devoir d'un Maçon en loge ?*

R. C'est de voir si la loge est à couvert.

D. *Faites votre devoir, mon F∴.*

R. Nous sommes à couvert, G∴-M^e.

D. *F∴ 2e G∴-Surveillant, où est votre place en L. ?*

R. Au Sud, G∴-M^e.

D. *Pourquoi, mon F∴, et quel est votre devoir ?*

R. Pour mieux observer le soleil à son méridien, faire reposer les ouvriers et les rappeler au travail, quand vous l'ordonnez.

D. *F∴ 1er G∴-Surveillant, où est votre place en L. ?*

R. A l'Ouest.

D. *Pourquoi, mon F∴, et quel est votre devoir ?*

R. De payer les ouvriers, de les renvoyer contents, et d'aider le G∴-M^e à fermer la loge.

D. *Quelle est la place du G∴-M^e en loge ?*

R. A l'Est.

D. *Pourquoi, mon F∴ ?*

R. Pour ouvrir la loge et mettre les ouvriers à l'œuvre.

Le G∴-M^e frappe 5 coups égaux et dit : *A moi, mes Frères !*

Tous les FF∴ se rapprochent de l'autel et se forment en cercle. Le G∴-M^e fait le signe avec le 1er Surveillant qui est à sa droite, ensuite ils font l'attouchement, et le G∴-M^e lui donne à l'oreille le mot de passe, celui-ci lui donne le mot sacré ; puis il se tourne vers le 2e Surv∴, en fait autant et successivement ; ensuite chacun reprend sa place. Alors, le G∴-M⁀ ôte son chapeau et dit :

« Mes F∴, *la loge de perfection de Mark-Mason est ouverte ;
prenez séance.*

» F∴ G∴-Secrétaire, donnez lecture de la planche d'architecture. (*La lecture faite.*) :

» FF∴ 1ᵉʳ et 2ᵉ G∴-Surveillants, demandez, sur vos colonnes,
aux Mark-Masons, s'ils ont quelque chose à objecter sur la pièce
d'architecture qui vient d'être lue. (*On répète.*) Pas d'observation,
la pl∴ est approuvée.

» *F∴ 1ᵉʳ G∴-Surveillant, quel est l'ordre des travaux ?*

R. La réception du F∴ Past-Master.

» *F∴ G∴-Mᵉ des Cérémonies, faites passer le scrutin.* (Il est
blanc.) *Allez préparer le candidat et amenez-le.*

» Le Mᵉ des Cérémonies frappe 4 coups et annonce un Past-
Master qui demande à être reçu Mark-Mason. Après les questions
d'usage, on l'introduit, les yeux couverts.

Le G∴-Mᵉ : *Qu'êtes-vous dans la Maçonnerie ?*

R. Past-Master [1].

D. *Que demandez-vous ?*

R. Le grade de Mark-Mason, si vous m'en jugez digne.

D. *Adressez-vous au 1ᵉʳ G∴-Surveillant.* Celui-ci lui fait
frapper 4 coups sur la pierre carrée qui est devant lui, et dit :

D. *Que demandez-vous ?*

R. Le grade de Mark-Mason, si vous m'en jugez digne.

D. *Consentez-vous à jurer discrétion, soumission et obéissance ?*

R. Oui. (*On le fait agenouiller pour prêter son obligation.*).

SERMENT. Je jure et promets de remplir les obligations aux-
quelles je me suis précédemment soumis, et, en outre, discrétion, *soumission et obéissance.*

« *F∴ G∴-Mᵉ des Cérémonies, conduisez l'aspirant au
G∴-Mᵉ.*

Le G∴-Mᵉ : « Mes FF∴, vous avez entendu l'obligation que

---

[1] Cette réponse prouve que nous avons raison de considérer le *Past-
Master,* comme devant être, dans cette maçonnerie le 1ᵉʳ grade, quoique
dans les nomenclatures il soit classé le second.

l'aspirant a prêtée; consentez-vous à son admission dans cette loge de Mark Mason? (*Tous les Frères tendent la main en signe d'assentiment.*)

Le G∴-M° lui passe le cordon au cou, l'embrasse et dit : « *Allez, mon Frère, au 2e Surveillant qui vous donnera les signes, mots et attouchements.* » (Le 2e Surveillant les lui donne et le renvoie les rendre au 1er Surveillant et celui-ci au G∴-M°.

SIGNE. Porter les 2 1ers doigts allongés derrière l'oreille, le pouce et les 2 autres doigts pliés dans la main.

ATTOUCHEMENT. S'entrelacer les petits doigts de la main droite, tourner les mains et appuyer les pouces l'un contre l'autre, puis tourner les mains sens dessus-dessous, en prononçant le mot de passe.

MOT DE PASSE : *It is over.*

MOT SACRÉ : *Jebulum.*

BATTERIE. Cinq coups égaux.

Le G∴-M° : Mes Frères, félicitons-nous de la nouvelle acquisition que nous venons de faire et applaudissons. (*On répète et l'on applaudit*).

Le G∴-M° : FF∴ 1er et 2e G∴-Surveillants, demandez aux FF∴ de vos colonnes s'ils ont quelques propositions à faire pour le bien de l'ordre en général, ou celui de cette loge en particulier. (*On répète.*)

On fait circuler la boite des pauvres.

CLOTURE DES TRAVAUX. On remplit la même formalité que pour ouvrir la loge, excepté qu'on ne donne point de signes, de mots ni d'attouchement.

AUTRE MARK-MAÇON (GRADE ANGLAIS).

DISPOSITION ET DÉCORATION DE LA LOGE. Tenture verte; une colonne blanche à chaque coin, dans l'intérieur du carré, sont 9 lumières disposées en triangle et par groupes de 3.

TABLIER. — Il est de peau blanche, bordé de vert, ainsi que la bavette.

CORDON. Large ruban vert moiré; il se porte en sautoir, ou de l'épaule droite à la hanche gauche; au bas est une rosette de même couleur.

BIJOU. Un triangle en or, entouré de pierres vertes et surmonté d'une couronne. Au milieu du triangle, est un cercle en argent, autour duquel sont gravées en argent ces 8 lettres : H∴ W∴, S∴ S∴ T∴ T∴ K∴ S∴, initiales des mots anglais : *Hiram Wisdow sond sand this to King Salomon*; en français : *Hiram, fils de la veuve, envoie ceci (le bijou) au roi Salomon*. Le mark-maçon fait graver d'un côté, au milieu du cercle, *sa marque et* de l'autre côté son chiffre et son grade. Ce bijou se porte sur le cœur, attaché à une faveur verte moirée, surmontée d'une rosette.

TITRES ET OFFICIERS. Pour conférer ce grade, il faut être au moins 9 frères : le parfait maître, les 2 parfaits frères, 1er et 2e surveillants, le trésorier, le secrétaire, les deux diacres et 2 parfaits frères mark-maçons.

TEMPS DE TRAVAIL : Depuis 4 heures du matin jusqu'à 4 heures du soir.

QUESTIONS D'ORDRE.

D. *Qu'est-ce qu'un Mark-Maçon (maître de marque)* ?

R. C'est un maçon zélé qui a mérité ce grade par un *chef-d'œuvre* [1]

[1] Les épreuves roulent sur une mistification burlesque indigne de frères honorés du grade de *Maître*. Pour obtenir ce grade intermédiaire qui ne se donne qu'après le *Maître Parfait*, 5e degré, le postulant est censé avoir fait un chef-d'œuvre. On lui met en main la *pierre brute* la plus informe, qu'on le charge de présenter à *l'admiration* des trois premières lumières, qui se moquent de lui, en vue de l'hilarité de toute la loge. Mais sur une réponse d'excuse que lui souffle le frère Maître des cérémonies, le Vénérable lui explique le Symbole de la pierre brute, que tout Maître connaît, et lui fait prêter son obligation. Une telle bouffonnerie devait-elle prendre son origine dans l'esprit sérieux et sensé des Maçons anglais ?

D. *Comment avez-vous reçu ce grade?*

R. Par la complaisance du parfait M° Mark qui a bien voulu m'admettre, malgré l'imperfection de mes ouvrages, mais comme une récompense de mon zèle.

D. *Quel âge avez-vous?*

R. Neuf ans.

D. *Comment reconnaitrai-je que vous êtes parfait maître-mark?*

R. À ce signe (*il le fait*) que tous les parfaits M°° Mark connaissent et vérifient.

D. *Pourquoi dites-vous vérifier un signe?*

R. Parce que ce signe peut se faire devant des maîtres qui ne possèdent pas ce grade; alors la vérification a lieu de manière à ne pas être compris. Si un M° nou Mark-Maçon se permet de faire ce signe et demande une paie non due, un glaive alors lui donne une punition qu'il a méritée.

D. *Comment se fait le signe, ou plutôt la vérification de ce signe?*

R. Les parfaits M°° Mark allaient recevoir leur paie dans la chambre du milieu et passaient leur main droite dans une petite ouverture fermée par une coulisse, derrière laquelle se trouvaient les officiers chargés de leur donner leur salaire. Lorsqu'on apercevait une main ayant *les doigts ouverts, excepté le petit et l'avant-dernier* (signe), sous lesquels devait être la médaille ou le bijou du grade, le trésorier ouvrait ces deux doigts. Si la médaille s'y trouvait, il plaçait la paie dans la main; mais si le bijou n'y était pas, un frère, armé d'un glaive tranchant, coupait la main imprudente qui avait osé s'introduire par le trou. Le frère non initié recevait une punition méritée[1]. Ainsi le signe fait, on le *vérifie*. Les seuls parfaits Maçons savent de quelle manière se fait cette *vérification*.

D. *Quel est le signe d'ordre?*

R. Le même, mais au lieu de présenter *l'index et le médius ouverts*, on les porte derrière l'oreille droite.

D. *Quel est le signe de reconnaissance?*

---

[1] Cette invention d'un piège atroce pour punir une fraude, n'est pas heureuse, ni dans l'esprit de l'institution, qui ne transforme pas ses adeptes en *exécuteurs de hautes-œuvres*: car on peut absoudre un coupable, et l'on ne remet pas une main coupée. L'auteur de cette méchante fiction avait sans doute perdu de vue l'emploi symbolique de la *truelle*, dont l'ingénieux emblème satisfait bien autrement le cœur et la justice du maçon; tant il est vrai que tous les fabricateurs de grades, dès qu'ils sortent du grade de *Maître*, tombent dans l'absurde ou dans l'horrible, et ce n'est plus de la Maçonnerie. Voilà pourquoi il n'y a pas un *haut-grade* qui soit maçonnique. Les inventeurs et les propagateurs du *Mark Maçon*, qui n'a pris faveur qu'à cause de son *bijou*, et parce qu'il flatte la vanité de ses partisans, se donnant pour les continuateurs des *Appareilleurs de Salomon*, prouvent bien qu'ils se regardent encore comme issus des *Maçons en pratique*. L'ordre pouvait en espérer mieux.

R. Porter la main droite en avant, le petit doigt et l'annulaire fermés.

D. *Quel est le mot de passe?*

R. GIBULUM.

D. *Quel est le mot sacré?*

R. Le mot sacré se donne en tournant la main droite, on dit alors, *que ferons-nous de cette pierre?* Celui qui répond dit, en tournant la main droite du F∴ Tuileur : *Tournez-la.*

D. *Quel est l'attouchement?*

R. S'entrelacer les deux petits doigts de la main droite et joindre les pouces, en fermant les autres doigts. Celui qui interroge donne un coup d'ongle sur l'ongle du frère, qui répond en donnant un coup d'ongle en dessous.

D. QUELLE EST LA BATTERIE ?

R. Quatre coups égaux : ooοο ?

D. *Que fait-on en Loge avant de se séparer?*

R. Tous les Frères quittent leurs places et viennent former un triangle au milieu du temple. Le parfait maître mark est à un angle, les 2 surv∴ aux 2 autres, et les frères sur les côtés, excepté le F∴ expert qui reste à la porte du temple pour assurer les travaux et les couvrir. Alors le parfait Mᵉ donne le mot sacré en la manière accoutumée ; dès qu'il est revenu, il fait le signe, la batterie fait prêter le serment du silence, et dit : « *Séparons-nous, mes frères, vos travaux sont finis, le* » *chef-d'œuvre est achevé et l'art royal compte un parfait Mark-Maçon de plus.* (En anglais on écrit *mason*).

Nous n'avons donné place ici à ce grade qu'à cause de cette phrase dans l'allocution du Vénérable au récipiendaire : *Ce grade est très-usité et répandu en Angleterre et en Amérique. Les peuples du levant et surtout d'Alger en font beaucoup de cas, et le pratiquent avec la plus grande considération.* — Nous laissons aux Maçons curieux le soin de *vérifier* le fait.

GRADE D'EXCELLENT MAÇON, N° 3.

Ce 3e degré donne des instructions pour la constitution et l'installation des loges, pour les réceptions, pour la pose de la première pierre des édifices publics [1], pour la dédicace des temples maçonniques et pour les funérailles des frères [2]. Ce grade prépare le Maçon à s'acquitter, avec régularité, des fonctions de Président de loge.

Décoration de la loge. La même que celle du grade précédent.

À l'entrée, est un escalier creux en dedans, à 3 marches, et qui s'élève et baisse à volonté.

Au milieu, un prie-dieu sur lequel est la Bible ouverte au 6e psaume, et 3 médailles avec les 3 mots sacrés.

Avant l'ouverture, au moment où tous les FF∴ se mettent autour du prie-dieu, on lit le 23e psaume de David :

« La terre appartient à l'Éternel, avec tout ce qui est en elle et ceux qui l'habitent. Qui montera la montagne de l'Éternel et qui demeurera dans le lieu de sa sainteté ?

» Ce sera celui qui aura les mains pures et le cœur droit, qui ne sera ni faux ni méchant.

» Celui-là recevra justice et bénédiction de l'Éternel. Tels doivent être ceux qui le recherchent sincèrement.

» Portes, élevez vos linteaux ; et vous, huis éternels, haussez-vous ! Le Tout-Puissant entrera.

On répète 3 fois : Portes, élevez vos linteaux, etc.

---

[1] Ceci indique clairement que les inventeurs de ce rite croyaient être les *successeurs des Maçons bâtisseurs*. Ainsi ce rite ne peut pas faire partie de la vraie Maçonnerie, la Maçonnerie universelle. (V. pour plus d'éclaircissement, l'*Orthodoxie Maç∴*, p. 199 à 203.)

[2] Toutes ces instructions dépendent exclusivement des règlements d'une loge, et ne peuvent jamais constituer un grade.

Ouverture de la loge. Le G∴-M^e dit :

D. *F∴ Garde du temple, quel est le* 1er *devoir d'un Maçon en L.?*

R. De voir si la loge est à couvert.

D. *Faites votre devoir, mon F∴.*

R. Nous sommes à couvert, G∴-M^e.

D. *F∴ 2e G∴-Surveillant, où est votre place en loge?*

R. (La suite comme au grade précédent.)

Le G∴-M^e frappe 6 coups égaux, et dit : *A moi, mes F∴!* (Tous les FF∴ s'approchent du prie-dieu, s'agenouillent autour et le F∴ secrétaire lit le psaume 241, en faisant la chaîne, élevant les mains 6 fois ensemble.) On se relève.

Le G∴-M^e passe à l'autel, frappe 6 coups dans les mains, ôte son chapeau, et dit :

« *Mes Frères, la loge des excellents Maçons est ouverte; prenez séance.* »

Le F∴ G∴-Secrétaire, sur l'invitation du G∴-M^e, donne lecture de la dernière planche d'architecture.

Le G∴-M^e fait consulter les colonnes sur cette lecture.

Pas d'observation. Alors il dit :

D. *F∴* 1er *G∴-Surveillant, quel est l'ordre des travaux?*

R. G∴-M^e, la réception du F∴ Mark-Mason.

F∴ G∴-M^e faites passer le scrutin, (Il est sans tache.) *Allez préparer le candidat, et amenez-le.*

Le M^e des Cérémonies frappe 5 coups et annonce un Mark-Maçon qui demande à être reçu excellent Mason.

Après les questions d'usage, on l'introduit, les yeux bandés.

Le G∴-M^e : *Qui êtes-vous et quel est votre grade?*

R. Mark-Mason.

D. *Que demandez-vous?*

R. A être reçu excellent Maçon, si vous m'en jugez digne.

D. Nous exigeons de ceux qui obtiennent cette faveur un engagement signé de leur sang qui nous réponde de leur discrétion. *Consentez-vous à prendre le même engagement?*

R. Oui.

Le G∴-M⸪ frappe un coup de maillet, le bandeau tombe, et il
lui dit :

« *Mon F∴, nous nous contenterons de votre obligation. Satis-
faits de votre résignation, approchez et venez la prêter.* » Le candidat s'agenouille et prononce le serment suivant.).

SERMENT. Je jure et promets, devant le G∴-Arch∴, de l'Univers, en présence de cette respectable assemblée, une discrétion
à toute épreuve.

Le G∴-M⸪ le prend par la main et le conduit devant l'escalier
où il s'agenouille. Les Surveillants lèvent l'escalier, et l'on remet
au candidat les 3 médailles qu'on lui fait déposer sur la 2ᵉ marche, et l'on baisse l'escalier.

Le G∴-M⸪ le relève, l'embrasse, le mène à l'autel et lui dit :

« Vous voilà, mon F∴, au nombre des excellents Maçons. Tâ-
chez, par votre zèle, votre assiduité et votre étude, de mériter
de nouvelles grâces maçonniques.

» Je vais vous donner les signe, mots et attouchement de ce
grade. »

SIGNE. Porter en avant les 2 mains élevées, pointant le ciel,
le corps courbé.

MOT SACRÉ. *Janobar.*

MOT DE PASSE. *It is orer.*

ATTOUCHEMENT. Prendre la main de l'autre et l'empoigner de
manière que les doigts soient dessous, et que le pouce, couvrant
toutes les phalanges, vienne aboutir à l'index.

BATTERIE. Six coups égaux.

« *Allez vous faire reconnaître, mon F∴, par les FF∴, 1ᵉʳ et
2ᵉ Surveillants*

On applaudit à l'acquisition.

On demande les propositions.

On fait passer le tronc des pauvres.

CLOTURE DE LA LOGE. Le F∴ Secrétaire donne lecture du
133ᵉ psaume de David : « Vous tous, les serviteurs de l'Éternel,
qui demeurez régulièrement dans sa maison, bénissez l'Éternel !
Élevez vos mains vers le sanctuaire de l'Éternel ! On répète 3 fois :
Élevez vos mains, etc.

A la dernière fois, on ajoute : Et bénissez l'Éternel!

Que l'Éternel vous bénisse en Sion !

Alors, on remplit les mêmes formalités que pour ouvrir, excepté qu'on ne se met point à genoux, et qu'on lit le psaume 134, élevant les mains six fois ensemble et faisant la chaîne.

SAINTE ROYALE-ARCHE. N° 4.

Ce 4° degré est tiré de ce passage des *Paralipomènes*, ch. VII.

« Salomon ayant achevé sa prière, le feu descendit du ciel,
» consuma les holocaustes et les victimes, et la majesté de Dieu
» remplit la maison.... Tous les enfants d'Israël.... se prosternè-
» rent la face contre terre, adorèrent le Seigneur, parce qu'il est
» bon et que sa miséricorde est éternelle. » Ce grade symbolise
l'Église chrétienne.

DÉCORATION DE LA LOGE. — 1° *Appartement* (il en faut 4).

Chambre de préparation, présidée par le 3° G∴-M°. On y dépouille l'aspirant de ses métaux, même des vêtements qui ont
des boutons de métal.

2° *Appartement.* C'est la 3° loge où préside le 2° G∴-M°. Elle
est tendue de bleu, ainsi que la porte : à l'entrée, à gauche, sont
un buisson ardent, une baguette ayant une mèche au bout, une
table, trois bougies et une Bible.

3° *Appartement.* C'est la 2° loge où préside le 1er G∴-M°. Elle
est tendue de rouge : il y a de l'eau dans un vase, du vin dans
un autre, une table, trois bougies et une Bible.

4° *Appartement.* C'est le sanctuaire décoré *comme chez les* G∴
Écossais, la porte et le plafond sont bleus. Au fond, en avant, à
droite du G∴-M°, est un gros anneau de fer attaché à une trappe
qui ferme un caveau dans l'intérieur duquel sont 3 étages de
chacun 3 arches, et, au bas, est une pierre triangulaire sur la-

quelle sont 3 médailles où se trouvent gravés les mots de mérite, le grand mot de passe et le mot sacré, ces 2 derniers gravés par syllabes.

A gauche du G∴-M^e est un prie-dieu ; le G∴-Pontife occupant l'autel, ayant à sa droite le 1er G∴-M^e et le 2e G∴-M^e à sa gauche, le capitaine Royale-Arche vis-à-vis et le 3e G∴-M^e ; l'orateur et le secrétaire à droite et le trésorier à gauche.

Décors. Le G∴-Pontife est coiffé d'une tiare portant en lettres d'or ces mots : *Sainteté au Seigneur*. Il porte une aube attachée par une ceinture noire, une plaque carrée émaillée avec les noms des 12 tribus, en lettres d'or, et au bas, en gros caractères : *Doctrine, vérité*. Cette plaque est attachée au cou par une chaîne d'or, et 2 autres attachées derrière le dos.

Le 1er G∴-M^e est en robe de pourpre et manteau jaune, la tête couverte, le ruban et le bijou en sautoir.

Le 2e G∴-M^e est en robe blanche et manteau aurore, la tête couverte, le ruban et le bijou en sautoir.

Le 3e G∴-M^e est en robe bleue et manteau jaune, la tête couverte, le ruban et le bijou en sautoir.

Les autres officiers, sont couverts d'une couronne, ainsi que le 3e G∴-M^e, et portent le cordon et le bijou en sautoir.

Le capitaine Royale-Arche est muni d'une hallebarde de six pieds.

Cordon. Rouge ponceau, en sautoir pour les officiers, en bandouillère de droite à gauche pour les autres FF∴.

Bijou. Une clef avec les lettres J. N. J. L.

Grand cordon. Pourpre, porté en sautoir auquel est attachée la grande médaille de l'Arche en or. D'un côté est une porte de trappe carrée, et 2 personnes ayant leur tête l'une contre l'autre et tirant un homme de la trappe. De l'autre côté, une gloire, le delta au milieu.

Le *Bijou* qui se porte au bas du cordon en bandouillère est un triangle plein.

Grand signe. Tourner la main horizontalement et faire comme si l'on se coupait le crâne. C'est L'Ordre de Royale-Arche

2e SIGNE. Laisser tomber son bâton et le ramasser par le petit bout.

3e SIGNE. Mettre la main sur son estomac, la retirer, regarder dedans et dessus et la reporter sur l'estomac.

4e SIGNE. Prendre un verre d'eau et demander : *Qu'est-ce cela?*

On répond : *Rouge.*

5e SIGNE D'ADMIRATION. Porter la main droite devant les yeux, et le corps un peu en arrière.

ATTOUCHEMENT. La main droite mutuellement sous l'oreille droite, la main gauche derrière le dos, faire comme si l'on se relevait, et l'on donne le 1er mot de passe.

MOTS DE PASSE : Le 1er, *Je suis ce que je suis.*

Le 2e, *Sem, Cham, Japhet.*

Le 3e, *Adohiram.*

On répond : *Éléazar.*

MOT DE MÉRITE. *Sainteté au Seigneur.*

MOT SACRÉ. *Jabulum.*

GRAND MOT. *Jéhovah.*

GRAND MOT SACRÉ. *Jabulum-Jéhovah.*

BATTERIE. Six coups égaux et un détaché (*sept coups*).

TITRES. Celui du G∴-Pont∴ est *Très-Excellent.* Les autres *Compagnons.*

OUVERTURE DU CHAPITRE. Le G∴-Pont∴ de la tiare et les Compagnons de la couronne sont tous couverts.

Le G∴-Pont∴ : *Capitaine R∴-A∴, mon Comp∴, assurez-vous si nous sommes à couvert.*

R. Nous sommes à couvert, T∴-Exc∴.

Le G∴-P∴ *Comp∴, mes FF∴, aidez-moi à ouvrir le chapitre de Royale-Arche.*

Les 2 1ers G∴-Mes se réunissent à lui, et de même 3 par 3, on ouvre le chapitre en donnant le grand mot sacré, les 3 pieds droits formant le triangle figurent la 3e arche ; les 3 bras dont chaque F∴ s'empoigne au poignet avec la main gauche, figurent la 2e, et l'on en fait autant de l'autre main, ce qui figure la 3e ; puis levant les bras droits croisés, on donne le grand mot sacré par syllabes : le 1er la 1re syllabe, le 2e la 2e, et le 3e la 3e ; ou recommence 3 fois à 2 ; le 2e donne la 1re syllabe, le 3e la 2e et le 3e la 1re ; à la 3e fois, le 3e la 1re, etc., après avoir dit ensemble : *nous trois, unis par l'amitié et la confiance, souvenons-nous de faire nos efforts pour trouver la parole S∴ de R∴-Arche, et, pour tel effet, nous déclarons ouvrir le chapitre de R∴-Arche;* ceci se dit en levant ensemble 3 fois les bras.

Chacun reprend sa place, après que chaque groupe a rendu compte que tout est parfait.

Le G∴-Pont∴ fait la batterie et dit : « *Comp∴, mes FF∴, le Souverain chapitre R∴-Arche est ouvert; prenez séance.* »

On fait la lecture du dernier tracé.

Demande s'il y a des objections.

Le G∴-P∴ : *L'ordre des travaux amène la réception du F∴; Comp∴, mes FF∴, votre avis est-il qu'il soit reçu?* (Assentiment.)

RÉCEPTION. Les appartements étant disposés, on passe au 4e. Le Me des Cérém∴ prépare l'aspirant, en lui faisant mettre les souliers en pantouffle, les yeux couverts, dépouillé de ses métaux et de son habit; il garde son tablier. Il frappe six coups égaux.

Le 3e G∴-Me : *Qui est là?*

R. C'est un Maçon qui, après avoir gouverné une loge, élevé aux grades de Mark-Mason et de Très-Excellent Maçon, demande la faveur d'être admis dans le temple du G∴-Arch∴ de l'U∴, pour y travailler sans gages ni récompense.

Le 3e G∴-Me : *Son nom, etc.* (On répond.)

D. *Est-il disposé à contracter les obligations attachées au subl∴ grade de R∴-Arche?*

R. Oui.

D. *Par quel moyen espère-t-il parvenir à obtenir la faveur qu'il demande?*

R. Par le mot de passe.

D. *Rendez-le moi?* (L'aspirant donne le mot de passe de *Très-Excellent Maçon.*)

Le 3e G∴-Me : *Faites-le entrer.* (Le candidat reçoit une pièce de monnaie, se met à deux genoux devant le prie-dieu, la main droite sur la Bible, à l'article de l'Exode, et il prête l'obligation suivante :

Obligation. « En présence du G∴-A∴ de l'U∴, je renouvelle
» toutes les obligations que j'ai précédemment contractées; pro-
» mettant de plus de ne jamais répandre le sang d'un Frère
» R∴-Arche, de ne lui porter tort ni atteinte à sa fortune, à son
» honneur ni à sa réputation : de l'aider de tous mes moyens, et
» de ne jamais trahir son secret, si ce n'est pour haute trahison;
» d'obéir et exécuter les règlements de perfection, et, si je man-
» que à mon serment, je consens à avoir le crâne ouvert, la cer-
» velle extirpée, réduite en cendres et jetée aux vents, ce dont
» me préserve le G∴-Ar∴ de l'U∴. (*Amen !*) »

On le fait relever; tous les FF∴ se mettent en haie, glaive en main, formant la voûte d'acier. On le fait passer 3 fois de suite dessous, après que le G∴-M* a dit : « *Faites-lui faire les 3 voyages de recherches du mot de mérite pour parvenir au temple.* »

Alors, le G∴-P∴ se place derrière la porte de la 2e chambre. Tous les FF∴ passent autour du prie-dieu, et l'orateur, assis, lit le chap. 3e de l'Exode jusqu'au 16e verset. Au moment où l'orateur prononce le mot *je suis*, on tire un coup de pistolet à chacune des oreilles de l'aspirant, auquel on a soin de faire ôter les souliers à l'endroit désigné par la lecture.

Tous les FF∴ passent promptement dans le 3e appartement, et l'on ferme la porte.

3e *Appartement.* Le Guide frappe 6 coups et répète l'annonce de la 1re porte.

Le 2e G∴-M* : *Qui est là ?*

R. C'est un Maçon, etc., (comme à la 1re porte, excepté qu'on donne le 1er mot de passe, et on lui donne la 2e pièce).

Le G∴-P∴ a toujours soin de passer derrière la porte de l'appartement précédent. Tous les FF∴ autour de la table, l'orateur, assis, lit fort lentement le chapitre de l'Exode. On fait faire à l'aspirant les deux signes expliqués au chap. 4, après lui avoir découvert un instant la vue, pour qu'il voie et allume le buisson ardent. Aussitôt qu'on a fait le signe de la main et l'épreuve, tous les FF∴ passent dans l'autre appartement; l'aspirant **reste.**

2ᵉ *Appartement*. Le Guide frappe 6 coups et répète sa précédente annonce.

Le 2ᵉ G∴-Mᵉ : *Qui est là?* (Réponse comme précédemment, excepté qu'on donne le 2ᵉ mot de passe. On remet la 3ᵉ pièce.) Tous les FF∴, autour de la table, l'orateur, assis, lit la suite du chapitre « *Et s'ils n'obéissent.* » On lui fait faire le signe de l'eau et on lui découvre les yeux. Tous les FF∴ passent dans le 1ᵉʳ appartement, le capitaine R∴-Arche ferme l'entrée.

1ᵉʳ *Appartement* ou *sommet*. Le Guide frappe et annonce comme auparavant.

Cap∴ R∴-A∴ : *Qui va là?* (Même réponse, excepté qu'on donne le 3ᵉ mot de passe.) Tous les FF∴ à leurs places, l'aspirant à l'Occident, vis-à-vis du G∴-P∴, demande la faveur d'être conduit vers lui, le Guide à sa gauche.

Le Cap∴ R∴ dit, pour lui : « *Cet aspirant, en faisant l'offrande du prix de ses travaux, demande la faveur de travailler dans le temple de Dieu, sans gages ni récompenses, et, pour cela, il vous supplie de lui donner le mot sacré de R∴-Arche.*

Le G∴-P∴ : « Cherchez, mon F∴, et peut-être Dieu permettra que vous le trouviez; pour moi, je ne puis vous le donner. »

Alors, on remet au récipiendaire une pince, et faisant semblant de chercher, on lui fait accrocher l'anneau de la trappe que l'on ouvre; puis, 2 FF∴ lui attachent une corde sous les bras, le descendent et lui recommandent de secouer la corde chaque fois qu'il rencontrera une arche, pour qu'on le retire. On le descend et le retire jusqu'à 3 fois, et la 3ᵉ fois qu'il descend, il parvient à la 3ᵉ rangée d'arches, et voit, en transparant sur une pierre triangulaire, le *mot sacré*, au-dessous le *grand mot de passe*, et au-dessus le *mot de mérite*; il prend la Bible ouverte à l'Exode (ch. 6, v. 3) sur laquelle est posé le delta ou bijou du *Past Master* et le met sous son bras; 2 FF∴ le retirent de la grotte par l'attouchement de R∴-Arche; il ouvre la Bible à la page où est le bijou.

Le mot sacré découvert; tous se mettent au signe d'admiration.

Le G∴-P∴ : *Réjouissons-nous, mes FF∴, voilà le saint nom de l'Éternel retrouvé !* SAINTETÉ AU SEIGNEUR !

Le G∴-P∴ descend de l'autel, embrasse l'aspirant et lui dit : « Mon F∴, par vos peines et votre travail désintéressé, vous êtes parvenu au centre de la vertu ; réfléchissez, mon cher Comp∴, sur toutes les circonstances de votre réception, et vous verrez qu'elles symbolisent la seule route que l'homme doit suivre pour parvenir à la perfection. Travaillez-y donc de concert avec nous ; la satisfaction intérieure est la seule récompense de l'homme vertueux ; c'est de toutes la plus délectable ; c'est celle qui vous attend, si vous faites votre devoir. Allez, mon cher Comp∴, vous habiller et vous reviendrez participer à nos travaux.

Suite des travaux.

La parole se demande directement au G∴-Pontife, en faisant le grand signe du crâne.

L'aspirant rentre.

Le G∴-P∴ : Mes chers Comp∴, *félicitons-nous de l'acquisition que nous avons faite de notre cher Compagnon.*

Tous se lèvent, font le signe du crâne et applaudissent. On lit l'historique du grade.

Le G∴-P∴ : Mes chers Comp∴, si quelqu'un de vous a quelque proposition à faire pour le bien de l'ordre en général, ou celui de ce chapitre en particulier, il a la parole.

(*On consulte les colonnes*).» Faites passer le tronc des pauvres. »

Le G∴-P∴ : Mes chers Comp∴, aidez-moi à fermer le chapitre de R∴-Arche. (On se groupe comme à l'ouverture et avec les mêmes cérémonies ; on ferme le chapitre en donnant le grand mot de passe et après avoir dit : Nous trois, unis par l'amitié et la confiance, déclarons que notre volonté est de fermer le chapitre de Royale-Arche. (Chacun reprend sa place, le G∴-P∴ fait prêter le serment du silence, et dit :

« Mes chers Comp∴, sortons en paix, le chapitre de Royale-Arche est fermé. »

DISCOURS HISTORIQUE. Le Temple achevé, Salomon fit construire un souterrain dont la parfaite exécution fut l'ouvrage des adjoints d'Hiram ; il fit graver sur un triangle équilatéral le nom de l'Éternel contourné par une Gloire enrichie de diamants et pierres précieuses : le fit poser au fond du souterrain. En avant, était un autre mot gravé sur une médaille, lequel était affecté aux gardiens du sanctuaire ; le tout était couronné par un fronton portant, en lettres d'or, cette inscription : *Sainteté au Seigneur*. Trois arcades, garnies chacune de 3 arches, couvraient ce souterrain qui avait été pratiqué dans le sanctuaire du temple, où l'on ne parvenait qu'après diverses cérémonies prises dans la loi de l'Éternel. Une trappe couvrait le sanctuaire, un anneau de fer y était attaché, afin de faciliter l'ouverture, s'il était nécessaire, le tout était recouvert par un tapis broché garnissant le parquet du sanctuaire.

Le but de Salomon était de perpétuer les connaissances maçonniques, tant pour la conservation des mots sacrés, que par celle d'un coffre précieux contenant les plans, mesures et outils ; l'ordre des travaux et l'art de cristalliser divers métaux.

Ce coffre était aussi déposé au fond du sanctuaire, afin que si jamais cet édifice venait à être détruit, les vrais principes pussent être transmis dans les siècles futurs. Cela fait, Salomon assembla les adjoints d'Hiram, exigea d'eux le serment le plus solennel de leur discrétion sur le précieux dépôt ; ils signèrent de leur sang cet engagement sacré, et leurs engagements furent mis dans le dépôt sacré. Salomon les congédia chargés d'honneurs et de présents.

Le temple détruit, le long espace qui se passa jusqu'à sa réédification, vit périr les adjoints d'Hiram ; un seulement leur avait survécu, lorsque les architectes se présentèrent à lui, le supplièrent de leur donner connaissance du grand mot qui, par le long temps, s'était effacé de leur mémoire, et, par les différentes transmissions, avait totalement altéré les vrais principes.

L'adjoint d'Hiram, se rappelant du serment prêté, leur répondit : *Cherchez, mes FF∴, et peut-être Dieu permettra que vous le trouverez, car, pour moi, je ne puis vous le donner.*

Quelque temps après, trois architectes, cherchant dans les décombres, trouvèrent les choses les plus précieuses : un d'eux accrocha sa pince à un gros anneau de fer, et voyant qu'il tenait à une trappe, il appela ses camarades pour leur faire part de sa découverte; ils parvinrent avec beaucoup de peine à l'ouvrir.

L'entrée en était profonde et obscure, aucun d'eux n'osa s'y hasarder. Enfin, celui qui en avait fait la découverte, s'y décida. Il quitte ses habits, se lie une corde autour du corps et dit à ses camarades de le descendre, mais de le retirer lorsqu'il secouerait la corde.

Parvenu à la 1re arcade, la peur le saisit: il se fait retirer. Il redescend une 2e fois, avec les mêmes précautions: parvenu à la 2e arcade, la peur le reprit, et il se fit remonter. Enfin, il descendit une 3e fois, mais avec la précaution d'emporter une torche allumée; il parvint au fond du souterrain, sous la 3e arcade. Il vit à travers du sable et des décombres, des points lumineux que réfléchissait la lumière de sa torche; il retira les décombres et découvrit le triangle lumineux; il porta naturellement la main droite devant ses yeux, et fit un *signe d'admiration*.

Alors, il se fit remonter et raconta à ses camarades son heureuse réussite. Ils se décidèrent à y descendre tous les trois et trouvèrent la confirmation de ce qu'ils venaient d'apprendre. Ils convinrent d'adopter les signes et attouchements qui avaient servi à cette heureuse découverte, et de n'en donner connaissance qu'à ceux, parmi les architectes, qui en seraient les plus dignes.

Après la dédicace du dernier temple, ils se dévouèrent à la garde du sanctuaire où était déposé le saint nom de l'Éternel, et eux seuls avaient le droit d'y entrer.

NOTICE.

C'est vraiment une dérision d'attribuer cette conception aux anciennes corporations d'ouvriers Maçons, sous la dénomination de *Rite des anciens Maçons libres et acceptés d'Angleterre*, nonobstant les règlements du grand chapitre de Royale-Arche, *revisés* en 1807, et le concordat de 1813, qui reconnait les 4 grades ci-dessus, quoiqu'il regarde comme une dépendance du Me Symbolique le 4e grade, bien qu'il ait ses assemblées dites *chapitrales* et ses officiers à part[1].

[1] Les Maçons anglais possèdent encore 1° les grades suivants :

MARK MAN (l'homme de marque), gr∴ biblique, inutile à la vraie Maçonnerie. — Les mark-man étaient employés, dans les carrières de Tyr, à extraire des pierres pour la construction du temple de Jérusalem.

RED CROSS SWORD OF BABYLON. Ce gr∴ aussi biblique roule sur la délivrance de la captivité des Juifs à Babylone, où la Maçonnerie n'a rien à voir.

THE RED CROSS OF ROME AND CONSTANTINE. (La Croix Rouge de Rome et de Constantin) a pour objet la vision d'une croix par Constantin, avec la devise *in hoc signo Vinces*. — Il faut être ultrà amateur pour d'une vision faire un grade.

THE ROSICRUCIAN ou le *nec plus ultrà des grades*. C'est l'ancien R∴

Les constitutions du rite d'York datent de l'origine même du monde. *Adam* est le 1er Maçon, etc. Les *Misraïmites* ont renouvelé cette croyance idéale.

Ce rite est la continuation de la loi mosaïque, loi anti-maçonnique, ce qui le rend étranger à la vraie maçonnerie. Il paraît avoir été inventé pour établir une sorte de transition entre celle-ci et la maçonnerie dite *écossaise*, et remplir ainsi une lacune.

En effet, la maçonnerie primitive ou *symbolique*, la seule pure, la seule vraie, est la doctrine de la religion naturelle et la morale divine qui en découle.

La maçonnerie dite *rite d'York* professe la philosophie judaïque, qui est une altération de la religion primitive, malgré ses principes démocratiques.

La maçonnerie dite *écossaise*, n'est, avec un mélange informe de mosaïsme, que la doctrine chrétienne *maçonnifiée*, mise en grades par d'ambitieux Maçons.

La maçonnerie *américaine* comprend le rite d'York ou de Royale-Arche en 5 grades, tandis qu'il n'en doit présenter que 4 ; mais que fait le nombre, quand les grades ont une base aussi puérile aux yeux des vrais Maçons.

✚.˙. Français, Chev.˙. de l'Aigle et du Pélican, paraphrasé en 3 parties, la cène comprise, etc.

2° Les gr.˙. appelés *Chevaleries*, que les Grandes Loges tolèrent, sans les reconnaître, tels sont :

Le Grand-Prêtre. — Le Ch.˙. de la Croix Rouge. — Du Temple. — De Malte. — Du Saint-Sépulcre. — De l'Ordre Teutonique. — De Calatrava. — D'Alcantara. — De la Rédemption. — Du Christ. — De la Mère du Christ. — de Saint-Lazare. — De l'Étoile. — Du Zodiaque. — De l'Annonciation de la Vierge. — De Saint-Michel. — De Saint-Étienne. — Du Saint-Esprit. — **Le Sublime Chevalier** (grade ang.).

Ce grade est biblique, il a pour objet la destruction des *idoles*. On les fait renverser au récipiendaire, comme Mathias renversa celles qu'Antiochus avait élevées à Jérusalem.

Ce fut Mathias (*don du Seigneur*), père de Judas Machabée, qui s'opposa de tout son pouvoir au culte des idoles qu'Antiochus-Épiphanes avait établi dans le temple de Jérusalem, et qui tua, sur l'autel même, un Juif parjure (Machabées, l. I, c. 2).

Les Maçons américains disent que la doctrine évangélique ajoute aux enseignements de la loi naturelle que leur légua le régime patriarcal, de la philosophie rationnelle que les Hébreux rapportèrent d'Égypte et de la loi préparatoire que promulgua Moïse, en vue du *régénérateur* souverain de la race humaine.

Ces Maçons soumettent à leur vue la doctrine mosaïque, de la même manière qu'ils modifient la doctrine primitive.

Ainsi, le rite d'York, essentiellement mosaïque, serait à l'écossisme qui est essentiellement chrétien, ce que la maçonnerie symbolique, ou la loi naturelle, est au rite d'York; et, d'après eux, les grades des 3 rites se lieraient les uns aux autres dans le même sens que le christianisme se lie à la loi mosaïque, et par celle-ci à la loi naturelle.

La vraie maçonnerie n'a que 3 grades antérieurs originairement aux religions connues; elle continue sa marche pacifique et incessante, parce que son but inaltérable est l'amélioration des hommes sans distinction de classes, de climats, d'opinions philosophiques, politiques ou religieuses. Les hauts grades des autres rites divisent les hommes, parce que si l'on fait disparaître de leurs doctrines tout ce qui n'est pas dans le vrai, à quoi se réduirait le reste? Mais tout Maçon qui professe les hauts grades serait un sectaire intolérant, comme la religion qu'il représente, s'il n'avait pas été régénéré auparavant par la doctrine symbolique commune à tous les rites, laquelle professe le dogme bienfaisant et sublime de la tolérance universelle et embrasse dans son sein l'universalité des Maçons.

L'autorité qui, en 1717, à Londres, s'est séparée des *Maçons de pratique*, qui a changé leurs usages, introduit, avec un nouveau dogme, un nouveau cérémonial, avait bien le droit, *alors*, de superféter l'œuvre d'Ashmole, mais à la condition de bien faire. *Ashmole*, c'était *Zoroastre* et les *Pyramides*, c'est-à-dire l'antique initiation. *Royale-Arche*, c'est le *Temple de Salomon*; Salomon, et son temple ne sont pas initiateurs, mais des produits de l'initiation. Salomon, comme initié d'Égypte, et son temple comme une imitation de celui de Memphis; c'est donc errer étrangement que de faire de ces résultats un point de départ primitif.

Le rite de *Royale-Arche*, présenté à la réunion des rites, en 1804, fut rejeté par le G∴-O∴, *sans doute*, dit Thory, *par des motifs qui ne tiennent pas à la maçonnerie*. Peut-être est-ce à cause de son présentateur, le F∴ Hacquet.

Un chapitre de *Royale-Arche*, rite d'York, fut établi à Paris, dans la loge le *Phœnix*, en 1817, par le F∴ Hacquet, G∴-Prêtre, et dont nous avons fait partie, ainsi que le prouve la patente qui nous a été délivrée le 1er octobre 1818, et enregistrée aux archives sous le n° 37.

Le F∴ Hacquet tenait ses pouvoirs, en date de 1799, de la grande loge de Pensylvanie (États-Unis d'Amérique).

Ce rite se propagea hors de l'Angleterre : il pénétra en Allemagne dès l'année 1786. Établi à Philadelphie (Amérique), en 1797, il se répandit dans presque tous les États de l'Union.

Quelques auteurs considèrent ce grade comme un démembrement de l'*Écossais* ordinaire ; aussi, pour l'obtenir, faut-il être reçu *Écossais*. Il rappelle le *delta* trouvé par l'Écossais.

Il existe plusieurs grades de ce nom qui, tous, présentent des différences.

Dans l'*écossisme réformé*, la *Royale-Arche* est remplacée par le *Maçon* du *Secret*.

LE NOM DE ROYALE-ARCHE

EST ANTÉRIEUR A SON RITE.

Laurence Dormiott fait mention de la *Royale-Arche*, dans son *Ahiman-Ryzon*, publié en 1755.

D'autres auteurs ont soutenu que la *Royale-Arche anglaise* n'est aussi que la *Royale-Arche française* dite *Royale-Arche d'Enoch* ou *Chev∴ de la G∴-Arche*, d'une série dite *écossaise*, et qui sera passée en Angleterre.

Le règlement organique de la grande loge d'Édimbourg (1736) fait connaître qu'il existait en Écosse beaucoup de corporations qui avaient cette dénomination pour titre distinctif, telles que la *Royale-Arche de Glascow*, en 1755, la *Royale-Arche de Stirling*, en 1759, etc., lorsqu'elles s'adressèrent à cette grande loge pour obtenir de nouvelles constitutions.

On lit dans l'*Orient*, p. 366, au sujet de la maçonnerie de *Royale-Arche* :

« Il résulte d'une lettre, adressée par un F∴ à la grande loge d'Irlande, qu'en 1813, cette branche de l'arbre maçonnique était à peine connue de nom dans ces contrées, où l'auteur de la lettre le prouve par le fait suivant :

» Dans cette même année 1813, feu le duc de *Sussex* avait entrepris la noble tâche de rétablir une *unité* de rites, de cérémonial et de travaux dans toutes les grandes loges de l'empire britannique. A cet effet, des lettres furent adressées aux grandes loges d'Ecosse et d'Irlande. La grande loge d'Ecosse accueillit cette importante ouverture avec l'attention qu'elle méritait, et promit que l'affaire serait prise plus tard en sérieuse considération.

Par parenthèse, *dit le Correspondant*, ces engagements n'ont été suivis d'aucun effet; car, aujourd'hui encore, si ce n'est que les deux grandes loges d'Ecosse et d'Irlande entretiennent entre elles, sous certains rapports, des relations amicales, elles continuent de différer complétement de la grande loge d'Angleterre, quant au mode de travaux.

« En 1813, le G∴-M⸰ d'Irlande, le comte *de Dannaghmore*, voulut seconder le vœu de son illustre collègue le G∴-M⸰ d'Angleterre, au sujet de l'établissement de l'uniformité maçonnique pour la Grande-Bretagne. En conséquence, il se proposa de déclarer que la maçonnerie n'admettait que TROIS DEGRÉS, y compris la *Royale-Arche*. Des voix s'élevèrent aussitôt de tous côtés pour demander à Sa Seigneurie ce que c'était que cette institution maçonnique de *Royale-Arche*, dont on ne soupçonnait pas même l'existence en Irlande.

» Bien plus, il fut un instant question de frapper le G∴-M⸰ d'Irlande d'un vote de censure, pour avoir pris sous son patronage ce que l'on considérait comme un *degré intrus*.

» Le *Correspondant* cite ce trait comme une preuve de l'esprit d'ignorance et de routine, qui, à cette époque, caractérisait les Maçons irlandais, et il ajoute que, malheureusement, les choses ont très-peu changé depuis. »

Tout prouve que ce rite est de création moderne, et que l'histoire *secrète* de son origine est apocryphe; ce qui ne l'empêche pas d'être un des rites les plus considérés en Angleterre et aux États-Unis : les Maçons et les hommes sont ainsi faits.

NOTICE

Scientifique et Anecdotique

Le QUATERNAIRE, employé par les initiés comme l'emblème du mouvement et de l'infini, représentait tout ce qui n'est ni corporel ni sensible, c'est comme symbole du principe éternel et créateur que Pythagore communiquait à ses disciples sous le nom de *quaternaire*, le nom ineffable de Dieu, *Jéhovah*, qui veut dire *source de tout ce qui a reçu l'être*, et qui, en hébreu, est de 4 lettres. En effet, les 4 divisions du ciel, celles de l'année, les 4 éléments, les 4 âges, les 4 branches de la clef que portent les divinités égyptiennes, etc., rappellent l'idée de la puissance infinie dans l'arrangement de l'univers. On a dit que la figure du chiffre 4 exprimait un *être vivant* I, porteur du triangle Δ, porteur de Dieu, c'est-à-dire *l'homme* comportant avec soi un *principe divin*.

C'est au nombre 4 ou au *carré* que la géométrie ramène tout ce qu'elle se propose de mesurer, et elle ne considère le *triangle* que comme division et comme moitié du même *carré*. Le sacré *quaternaire* de Pythagore, 1er *carré* des pairs, qui contient tous les intervalles musicaux réguliers, étant disposé en triangle équilatéral par 1, 2, 3, 4, donne pour somme le nombre 10, donc la puissance de 10, c'est le 4.

Les Cabires reconnaissaient 4 divinités : *Axiesos, Axiochersa, Axiochersus* et *Casmillus*, qu'Apollonius de Rhodes assure être : *Cérès, Proserpine, Pluton* et *Mercure*.

Quatre anges se tiennent constamment devant le trône de Dieu : *Michel, Gabriel, Iriel* et *Raphaël* ; ces 4 noms sont chaldéens.

Les gnostiques prétendaient que tout l'édifice de leur science reposait sur un *carré* dont les angles avaient : *Sighé* (silence), *Bathos* (profondeur), *Noüs* (intelligence), et *Aléthéia* (vérité).

Les principes de choses sont au nombre de 4 : la *matière*, la *forme*, l'*âme*, l'*intelligence*, ou le *mouvement* et l'*espace*.

C'est dans le *quaternaire* que se trouve la première figure solide, le symbole universel de l'immortalité, la *pyramide* ; car si le triangle, figuré par le nombre *trois*, fait la base triangulaire de la pyramide, c'est l'*unité* qui en fait la pointe ou le sommet. Aussi, Lysis et Timée de Locres disent-ils qu'on ne peut nommer une seule chose qui ne dépende du *quaternaire* comme de sa racine. C'est pourquoi la matière étant représentée par le nombre 9 ou 3 fois 3, et l'esprit immortel ayant pour hiéroglyphe essentiel le *quaternaire* ou le nombre 4, les sages ont dit que l'homme s'étant trompé et jeté dans un labyrinthe inextricable, en allant de 4 à 9, le seul chemin qu'il ait à prendre pour sortir de ces routes ambiguës, de ces détours désastreux et du gouffre de maux où il s'est plongé, c'est de *rebrousser chemin et d'aller de 9 à 4*.

On voit que les nombres ont eu leur mérite et, assure-t-on, leur influence, qui se sent moins aujourd'hui, mais qui, autrefois, faisait souvent oracle. On attachait surtout de l'importance aux nombres parfaits.

Le nombre 4, l'un des plus parfaits, se rattache aux 4 saisons, aux 4 temps. Il y eut les 4 épices, les 4 mendiants et les 4 semences froides. On fit entrer ce mot dans beaucoup de locutions encore usitées. Des savants se sont mis *en quatre* pour prouver que ce nombre était sacré à cause des 4 éléments, des 4 points cardinaux, des 4 principaux vents, des 4 parties du monde (qui en a 5), des 4 grandes monarchies, des 4 vertus cardinales et des 4 âges de la vie. On a les 4 Facultés, mais elles n'étaient pas contemporaines dans l'origine : la théologie et les arts donnèrent la médecine, qui s'établit rue de la Boucherie sous le patronage de saint Nicolas, et le droit qui se borna longtemps aux décrétales du pape. Les écoles de la rue du Feurre (du Fouarre) étaient les plus fréquentées, et comme les écoliers arrivaient surtout de Picardie et de Normandie, on imagina de les diviser en nations qui furent appelées France, Picardie, Normandie, Angleterre ou Allemagne. Cette dernière dénomination prévalut sur l'autre, l'année où les Anglais brûlèrent Jeanne d'Arc à Rouen. De là le collége des 4 Nations.

Bernis fit un poëme sur les 4 *parties du jour*. Le *diable à quatre* est une expression qui devint, au dernier siècle, le titre d'un opéra-comique. On divisa l'heure en 4; il y avait en Flandre les 4 métiers; dans beaucoup de circonstances on va 4 à 4. Il y a des choses qu'on ne dit qu'entre *quatre-s-yeux*; le nombre quatre qui, fautivement, quoique d'après l'Académie, prend ici une s, la prend encore d'une manière plus poétique dans la chanson de Marlborough :

> « J'lai vu porter en terre
> » Par quatres officiers. »

Ce sont deux curieuses exceptions, qui ne sont permises que là. Aussi l'estaminet des *Quatres nations*, à Bruxelles, fait une faute d'ortographe sur son enseigne. L'hôtel des *Quatre fils Aymon* se montre à Paris plus grammatical. Nous ne parlerons du jeu des 4 *coins* que pour faire remarquer qu'on l'appelle aussi le jeu du *pot de chambre*, ce qui n'est pas très-sensé.

Sans excepter complétement le roi de France Henri IV, les souverains qui ont eu ce numéro, se sont fait noter assez mal : Jean IV en Brabant, fut peu de chose; ainsi de Baudoin IV en Flandre, de Guillaume IV en Hainaut, de Charles IV en France, de Philippe IV en Espagne. Cependant l'empereur Charles IV donna la fameuse bulle d'or (1356).

Il était de la maison de Luxembourg; il avait cela de particulier qu'il était à genoux devant son nombre quatre, qu'il le choyait et l'idolâtrait; qu'il ne trouvait rien de si beau, de si nombreux, de si noble, de si harmonieux, de si doux et de si parfait. Il rangeait ses troupes sur **4** lignes, divisait ses armées en **4** corps, jurait par **4**, faisait **4** repas par jour, avait **4** palais, **4** chambres dans chaque palais, **4** fenêtres à chaque chambre; et dans ses **4** salles d'honneur **4** cheminées, **4** tables, **4** portes, **4** lustres. Il portait une couronne à **4** branches, un costume à **4** couleurs. Il savait **4** langues.

Il épousa **4** femmes; de Blanche de Valois il eut **4** filles, et d'Anne **4** fils, dont deux, Venceslas et Sigismond furent empereurs après lui. Il était de bonne humeur le **4** du mois, et accordait ses grâces à **4** heures. Ses coches étaient attelés de **4** chevaux; on lui servait **4** plats à la fois, il buvait de **4** vins, et voulait qu'on lui fît **4** saluts.

Il poussa si loin cet amour pour le nombre **4**, qu'il divisa par **4** tout l'empire. Il institua **4** ducs, savoir : de Brunswick, de Souabe, de Bavière et de Lorraine; **4** landgraves : de Thuringe, de Hesse, de Leuchtemberg et d'Alsace; **4** marquis : de Misnie, de Brandebourg, de Moravie et de Bade-la-Basse; **4** burgraves : de Meidebourg, de Nuremberg, de Reneck et de **Stromberg**; **4** comtes : de Clèves, de Schwartzemberg, de Saxe et de Savoie; **4** comtes-capitaines de l'empire pour la conduite des gens de guerre, savoir : de Flandre, de Tyrol, d'Aldenbourg et de Ferrare; **4** seigneurs : de Milan, de l'Escale, de la Mirandole et de Padoue; **4** grands abbés : de Fulde, de Kempton, de Weissaimberg et de Murbach; **4** grands maréchaux de l'empire : Sirer, de Pappenheim, de Tuliers, de Misnie et de Vistingen; **4** barons de l'empire : Sires, de Limbourg en Franconie, de Tockembourg, de Westerbourg et d'Andelwaden; **4** chevaliers de l'empire : Sires, d'Audelauw, de Meldinghen, de Strondeek et de Fronberg; **4** grands veneurs de l'empire : Sires, de Hurn, de Crach, de Schomberg et de Meisth; **4** officiers héréditaires de Souabe en l'empire : l'écuyer-tranchant de Walpurg, l'échanson de Radach, le maréchal de Mardorf et le chambellan de Kemnat; **4** écuyers de l'empire : Sires, de Waldeck de Hirten-Fulchen, d'Arnsperg et de Rabnaw ; 4 villes métropolitaines de l'empire : Augsbourg, Aix-la-Chapelle, Spire et Lubeck ; 4 Rustiques de l'empire : Cologne, Ratisbonne, Constance et Salzbourg ; 4 possessions de l'empire : Ingelheim, Altdorff, Liethtenaw et Denkendorf! : 4 bourgs de l'empire : Aldenbourg, Héidebourg, Rothenbourg et Meklembourg ; 4 villages de l'empire : Bamberg, Ulm, Haguenau et Schelestadt ; 4 montagnes de l'empire : Munneberg, Friberg, Heidelberg et Nurenberg. Cette division bizarre subsista assez longtemps.

La mort de Charles IV fut accompagnée pour lui de petites vexations ; il mourut à soixante trois ans, il aurait voulu en avoir soixante-quatre : mais il en avait régné 32 ou 8 fois 4, ce fut une légère consolation.

Il vit venir sa dernière heure en 1378 ; ce nombre le désolait. Dans son agonie, qui eut lieu le 29 novembre, il supplia ses 4 médecins de le conduire jusqu'au 4 décembre ; leurs efforts furent vains, il ne passa pas la journée ; mais il eut le plaisir d'expirer à 4 heures 4 minutes, après avoir dit adieu 4 fois à toute sa cour rangée autour de lui 4 par 4.

On se tient sans doute à 4, en lisant cet article ; c'est cependant de l'histoire.

ESPRIT DE LA FRANCMAÇONNERIE

AUX ÉTATS-UNIS D'AMÉRIQUE, SUIVANT LE RITE D'YORK,

Le rite d'York comprend, en Amérique 9 grades, qui sont : l'App∴, le Comp∴, le M∴, le M∴ de marque, le passé M∴, le très-excellent M∴, le Royal-Arche, le Royal-M∴, et le M∴ choisi ou Élu; c'est, au-dessus de la maîtrise, 7 grades de plus qu'en Angleterre; nous nous contenterons de les indiquer. la maçonnerie de ROYALE-ARCHE, ne devant avoir que 4 degrés, d'après son origine jésuitique...

La philosophie maçonnique est, dans ces deux pays, enveloppée d'une écorce religieuse qui semble faire de l'institution une congrégation mystique. C'est sans doute à cause de cette enveloppe bizarre que les dictionnaires anglais disent au mot *Freemasonry*, que *c'est une Société basée sur la religion et les sciences.*

Chaque grade se subdivise en sections où l'on explique le cérémonial, la nature et les principes de l'institution.

APPRENTI, 1er Degré.

Ire SECTION.

La première section se compose de choses générales mises aux chapitres, qui, quoique courts et simples, n'en ont pas moins

de valeur et nous enseignent à juger et à reconnaître les droits
des autres à nos propres priviléges, lorsqu'ils veulent les exercer.
Cette section enseigne aussi le mode d'initiation d'un candidat
dans notre ordre.

PRIÈRE A L'OUVERTURE D'UNE LOGE.

Dieu très-saint et très-glorieux, Grand Architecte de l'Univers,
dispensateur de tous les biens et de toutes les grâces, toi qui as
promis que : « *Là, où deux ou trois seraient assemblés en ton*
« *nom, tu te trouverais au milieu et que tu les bénirais !* » Nous
nous réunissons en ton nom ; nous te supplions humblement de
nous bénir dans nos entreprises, afin que nous te connaissions et
te servions comme tu l'as mérité, et que toutes nos actions tendent à la gloire et à nos progrès dans la science et dans la vertu !
nous te supplions, ô Seigneur Dieu, d'éclairer nos esprits par l'in-
tercession du fils de justice, afin que nous puissions voyager dans
la lum.·. de ton appui. Et lorsque les trav.·. de notre état d'é-
preuves seront terminés, — d'être admis dans le *temple* qui n'est
point élevé par la main des hommes, mais qui existe dans les cieux
éternels ! Ainsi soit-il !

PRIÈRE A L'INITIATION D'UN CANDIDAT.

« Accorde ton secours, tout-puissant Maître de l'Univers, à
notre présente réunion, et fais que ce candidat dédie et dévoue
sa vie pour ton service, et devienne parmi nous un véritable et
fidèle frère ! Doues-le d'une portion de ta divine sagesse, afin que,
par les secrets de notre art, il devienne plus capable de découvrir
les beautés de ta béatitude, en honorant ton saint nom. Ainsi
soit il !

Pendant la cérémonie, on récite quelques passages de l'Écriture, et entre autres celui-ci :

« *Considère combien il est bon et agréable pour des frères de* » *vivre ensemble dans l'union !* »

Signes particuliers et le geste caractéristique du [illegible].

La *peau de mouton*, ou le *tablier de peau blanche* est un emblème d'innocence et le signe caractéristique d'un maçon. Il est plus ancien que la Toison d'or ou que l'Aigle romaine; il est plus honorable que l'Étoile et la Jarretière, ou que tout autre ordre présent ou à venir qui pourrait être conféré au candidat, ce tablier doit être porté par tous, avec plaisir pour soi, et avec honneur pour la fraternité.

Dans tous les temps, l'agneau a été regardé comme un emblème de l'innocence : c'est pourquoi le tablier de peau blanche rappelle au candidat cette pureté de vie et de mœurs qui est si essentiellement nécessaire pour être admis dans la loge céleste où préside le Sup.·. A.·. d.·. l'U.·.

INSTRUMENTS DE TRAVAIL (1).

La règle de 24 pouces est un instrument employé par les Maçons pratiques pour mesurer et aligner leur ouvrage ; mais nous, comme Maç.·. libres et acceptés, on nous enseigne à nous en servir pour un emploi plus noble et plus glorieux, telle que la division de notre temps.

Cette règle, divisée en 24 parties égales, est l'emblème des 24 heures du jour qu'on nous apprend à partager en 3 parties, savoir : 8 heures consacrées à Dieu et à secourir nos frères, 8 heures pour nos occupations ordinaires et 8 heures pour le repos et le sommeil.

Le marteau à dégrossir est un instrument dont les maçons vul-

(1) Ces instruments, avec cette interprétation, existaient dans l'ancienne Maç.·. Franç.·.

xaires font usage pour enlever les aspérités des pierres brutes,
afin de les rendre propres aux constructions, mais nous, comme
francs et acceptés Maçons, on nous enseigne à en faire
usage pour un plus noble et plus glorieux dessein, qui est de
purger nos cœurs et nos consciences des vices et des superfluités
de la vie, considérant nos âmes comme des pierres vivantes des-
tinées à la contruction spirituelle de cet édifice qui n'est point
fait de main d'homme et qui subsistera éternellement dans les
cieux.

2ᵉ **Section.**

Elle contient les cérémonies de l'initiation d'un candidat dans
l'ordre, ces cérémonies sont connues.

3ᵉ **Section.**

Cette section explique la nature et les principes de la constitution maç∴; on y donne aussi les instructions relatives à sa forme,
aux supports, à la couverture, à l'ensemblement, aux ornements,
aux lumières et aux bijoux de la loge; comment elle doit être
située et à qui elle est dédiée.

De l'est à l'ouest et du nord au midi s'étend la maç∴; ainsi,
l'on trouve des maç∴ dans tous les climats.

On dit que notre institution est supportée par la *sagesse*, la *force*
et la *beauté*, parce que, dans toute entreprise importante, il est
nécessaire d'avoir la sagesse pour inventer, la force pour suppor-
ter, et la beauté pour orner.

La couverture de la loge n'est rien moins qu'un ciel nuageux
ou un ciel parsemé d'étoiles, dans lequel tous les bons maçons
arriveront, au moyen de l'échelle mystérieuse que Jacob, dans
sa vision, vit élever de la terre jusqu'aux cieux. Les trois principaux échelons se nomment: *foi, espérance, charité*; et nous
avertissent *d'avoir confiance* en Dieu, *d'espérer* l'immortalité et
d'avoir de la *charité* pour tous les hommes.

La plus grande de ces vertus est la charité, car notre foi peut se perdre par l'expérience ; l'espérance trouve sa fin dans la jouissance ; mais la charité s'étend au-delà du tombeau, à travers le royaume sans fin de l'éternité. (C'est-à-dire que les services rendus aux hommes rendent immortel le nom du bienfaiteur.)

Toute loge bien gouvernée est pourvue d'une Bible, de l'équerre et du compas.

La Bible est destinée à Dieu, parce qu'elle est l'inestimable don que l'homme à reçu de la Divinité. L'équerre est destiné au M∴ parce que c'est l'emblème maçonnique de son office ; et le compas est destiné aux comp∴, parce que, en réfléchissant à son usage, ils apprennent à modérer leurs désirs et à contenir leurs passions dans de justes bornes.

Les ornements d'une loge sont : 1° le pavé mosaïque, emblème de la vie humaine, mêlé de bien et de mal.

2° La houpe dentelée, cette belle bordure marquetée qui entoure le pavé mosaïque, représente les bénédictions diverses et les consolations qui nous environnent et dont nous espérons de jouir par notre confiance sans bornes dans la divine Providence, qui est hiéroglyphiquement représentée par l'étoile flamboyante, 3° ornement placé au centre du pavé mosaïque.

Les bijoux mobiles et immobiles appellent aussi notre attention :

1° *La pierre brute*, telle qu'elle sort de la carrière, rappelle l'état imparfait de notre nature.

2° *La pierre polie*, celle qui est préparée par la main des ouvriers, et prête à être ajustée par les instruments de travail des compagnons, indique l'état de perfection auquel nous espérons d'arriver, à l'aide d'une éducation vertueuse, par nos propres efforts et par la grâce divine.

3° *La table à 3 pieds* ou le *trepied*, qui sert au maître à tracer ses desseins, nous rappelle également que, comme les ouvriers matériels élèvent leurs constructions temporelles selon les principes et les desseins qui sont projetés sur cette table par les maîtres ; de même, nous qui sommes ouvriers de fait et spéculatifs, nous faisons nos efforts pour élever nos constructions spirituelles selon les principes et d'après les desseins qui sont donnés

par le supr∴ A∴ de l'U∴, dans le grand livre de la nature et
de la révélation, lesquels sont notre table symbolique, morale et
mécanique.

Anciennement, les loges étaient dédiées au roi Salomon, parce-
qu'il est dit qu'il fut le premier très excellent Grand-M° ; maintenant les Maç∴ qui professent le christianisme les dédient aux
deux saints Jean, patrons éminents de la Maçonnerie chrétienne.

DEVOIRS ET OBLIGATIONS

DE L'AMOUR FRATERNEL

En pratique de l'amour fraternel, on nous enseigne à considérer toute l'espèce humaine comme une seule famille ; le puis-
sant et le faible, le riche et le pauvre, qui sont nos parents, puisqu'ils sont créés comme nous par un seul Père tout-puissant, et
qu'ils habitent la même planète ; ils ont un droit égal à notre aide,
à notre secours et à notre protection. D'après ce principe, la Maçonnerie unit les hommes de toutes les contrées, de toutes les
sectes, de toutes les opinions, et concilie, par la véritable amitié,
ceux qui, autrement, seraient demeurés séparés à perpétuité.

DU SECOURS.

Secourir les malheureux est le devoir de tous les hommes, mais
particulièrement celui des Maç∴ qui sont liés ensemble par la
chaîne indissoluble d'une sincère affection. Consoler les infortunés,
compatir à leurs malheurs, plaindre leurs misères et rétablir la

paix dans leurs esprits troublés, tel est le grand but que nous avons en vue; c'est sur cette base que nous fondons notre amitié, et que nous établissons nos relations.

DE LA VÉRITE.

La vérité est un attribut divin et la source de toute vertu. Être bon et vrai est ce qu'enseigne la 1re leçon de la Maç∴: c'est sur ce thème que nous méditons, et par ces lois, nous nous efforçons de régler notre conduite; ainsi, en suivant ce principe, l'hypocrisie et la fraude sont inconnues parmi nous. La sincérité et la bonne foi nous distinguent, et le cœur et la langue s'unissent pour nous exciter réciproquement à une bonne conduite, et pour nous réjouir de la prospérité des uns et des autres.

EXPLICATION DES 4 VERTUS DITES CARDINALES.

La *tempérance* est cette modération dans nos affections et dans nos passions qui rend le corps souple et docile et délivre l'esprit des attraits du vice. Cette vertu doit être pratiquée constamment par tous les Maçons. Par elle, ils apprennent à éviter les excès, à se garder de contracter des habitudes déréglées ou vicieuses, dont l'effet serait de les conduire à découvrir quelques-uns de ces secrets qu'ils ont promis de tenir caché, et dont la révélation les rendrait l'objet du mépris et de l'animadversion de tous les Maçons.

La *fortitude* est cette noble et ferme résolution de l'esprit qui nous rend capables de braver toutes les peines, tous les périls et tous les dangers, lorsque la prudence le juge convenable. Cette vertu est également éloignée de la témérité et de la lâcheté, et comme la tempérance doit être fortement empreinte dans l'esprit de tout Maçon, comme une sauvegarde ou comme une sécurité contre toute attaque illégale qui pourrait être faite par la force ou autrement, pour lui extorquer quelques-uns des secrets qui lui ont été solennellement confiés et qui lui furent emblématiquement représentés lors de sa 1re réception en loge.

La *prudence* nous enseigne à régler notre vie et nos actions conformément aux lois de la raison. C'est cette habitude par laquelle nous jugeons sagement et nous déterminons convenablement, dans toutes les choses relatives à notre bonheur tant présent que futur. Cette vertu doit être le caractère particulier de chaque Maçon, non-seulement pour régler sa conduite en loge, mais aussi dans le monde, et le garantir, surtout, dans les sociétés profanes, où il peut se trouver, de ne laisser jamais échapper le moindre signe, le moindre mot, par lesquels les secrets de la Maçonnerie pourraient être illégalement obtenus.

La *justice* est la mesure ou la limite du droit qui nous porte à rendre à chaque individu ce qui lui est justement dû, sans distinction. Cette vertu est non-seulement d'accord avec les lois divines et humaines; mais elle est aussi le véritable ciment et le soutien de la société civile. Comme la justice, en grande partie, constitue le véritable honnête homme, cette vertu doit être la pratique invariable de tout Maçon, qui ne doit jamais dévier des principes mêmes les plus minutieux de la justice.

Cette explication des vertus est accompagnée de quelques observations générales et particulières sur la Maçonnerie.

On paye aussi un juste tribut de vénération à nos anciens patrons.

ALLOCUTION AU NOUVEL INITIÉ.

Mon frère,

Maintenant que vous êtes introduit dans les premiers principes de la Maçonnerie, je vous félicite d'être admis dans cet ordre ancien et honorable; ancien, parce qu'il subsiste de temps immémorial; honorable, parce que, dans toutes choses, il tend à rendre honorables les hommes qui veulent se conformer à ses préceptes. Aucune institution ne fut jamais élevée sur de meilleurs principes et sur de plus solides fondements; comme il n'y eut jamais de meilleurs préceptes ni de maximes plus utiles réunies que celles qui sont inculquées aux Maçons et enseignées dans tous leurs discours. L'élite des hommes de tous les âges a encouragé et étendu cet art, et les plus grands hommes n'ont jamais pensé descendre, ni déroger à leur dignité, en se soumettant au niveau de l'égalité dans la fraternité, en augmentant les priviléges de l'Ordre et en protégeant ses assemblées.

Il est trois devoirs sacrés que, comme Maçon, vous êtes tenu de bien vous pénétrer; ils sont envers Dieu, votre prochain et vous-même. Envers Dieu; vous ne devez jamais prononcer son nom qu'avec ce respect religieux qui convient à la créature à l'égard de son Créateur, que pour implorer son aide dans toutes vos louables entreprises, et que pour l'exalter comme le bien suprême. Envers votre prochain, en agissant de bonne foi et en lui faisant ce que vous voudriez qu'il fît pour vous-même; et envers vous-même, en évitant tout déréglement et toute intempérance, qui pourraient altérer vos facultés ou rabaisser la dignité de votre être, un attachement sincère à vos devoirs vous assureront l'estime générale.

Dans l'État, vous devez être un sujet tranquille et paisible, fidèle à votre gouvernement et juste envers la patrie. Vous ne devez pas soutenir la déloyauté ni la rébellion; mais vous soumettre patiemment à l'autorité légale, et vous conformer gaiement au gouvernement du pays où vous vivez. Dans votre conduite extérieure, soyez particulièrement soigneux d'éviter la censure ou le reproche.

Quoique votre présence fréquente à nos réunions soit vivement sollicitée, cela ne veut pas dire que la Maçonnerie doive l'emporter sur vos affaires indispensables, qui, sous aucun prétexte, ne doivent être négligées. Vous ne devez pas non plus, par zèle pour l'institution, vous laisser entraîner dans des discussions avec ceux qui, par ignorance, pourrraient la ridiculiser. Dans vos heures de loisir, vous devez vous entretenir avec des frères instruits, afin de vous former dans les connaissances maçonniques. Vous les trou-verez toujours aussi disposés à donner, que vous pouvez l'être à recevoir des instructions.

Enfin, conservez comme sacrés et inviolables, les secrets de notre Ordre, attendu qu'ils doivent vous distinguer du reste de la société et marquer votre importance parmi les Maçons. Si, dans le cercle de vos connaissances, vous trouvez une personne qui désire être initiée à nos mystères, prenez bien garde de ne la recom-mander qu'autant que vous serez persuadé qu'elle se conformera à nos règlements, afin que l'honneur, la gloire et la réputation de notre institution restent fermement établis et que le monde soit suffisamment convaincu de ses bons effets.

PRIÈRE A LA CLOTURE DES TRAVAUX.

Sup∴ A∴ d∴ l'U∴, agrée nos humbles actions de grâces pour toutes les miséricordes et les bénédictions que ta bonté nous a accordées et spécialement pour cette réunion sociale et frater-nelle! Nous te prions de pardonner toutes les fautes, que tu as reconnues en nous, depuis que nous sommes assemblés, et de nous continuer ta présence, ta protection et ta bienveillance. Rends-nous sensibles, les nouvelles obligations où nous sommes de t'aimer par-dessus toutes choses, et de nous chérir les uns et les autres, que toutes nos passions déréglées soient subjuguées et que nous croissions journellement dans la *foi*, l'*espérance* et la *charité*, mais plus particulièrement dans cette charité qui est le lien de la paix et la perfection de toutes les vertus. Ainsi, puissions-nous accomplir tes préceptes, et que, par les mérites du Rédempteur, nous obtenions ce que tu as promis et que les portes de ton temple et de ta cité sainte nous soient ouvertes! Ainsi soit-il!

BÉNÉDICTION.

Que la bénédiction des cieux repose sur nous et sur tous les Maç∴ régul∴ que l'amour fraternel domine et que toutes les vertus morales et sociales nous réunissent! Ainsi soit-il !

DISCOURS FINAL DU VÉNÉRABLE.

Mes FF∴,

Nous sommes maintenant sur le point de quitter cette retraite sacrée de l'amitié et de la vertu, et de nous mêler de nouveau dans le monde. Parmi vos intérêts et vos occupations, n'oubliez pas les devoirs qui vous ont été si souvent rappelés et si fortement recommandés dans cette loge.

Soyez diligents, prudents, tempérés, discrets! Souvenez-vous, qu'auprès de cet autel, vous avez promis d'aimer et de secourir ceux de vos frères qui pourront avoir besoin de votre assistance ; que vous avez promis de leur faire connaître, de la manière la plus amicale, leur erreur et de tendre à leur réformation.

Ces principes généraux doivent encore s'étendre plus loin ; car chacune des créatures humaines a le droit de prétendre à vos bons offices. « Faites le bien partout ; recommandez-le spécialement dans la famille des fidèles.

Enfin, mes frères, soyez tous unis dans un seul esprit, vivez dans la concorde, et puisse le Dieu d'amour et de paix se plaire à demeurer parmi vous et à vous bénir ! »

Nota. — Les préceptes et les règles de conduite que la Maçon-nerie donne aux Maçons américains, ajoutés au voile religieux qui sert d'enveloppe à chaque grade, est, sans doute, ce qui porte les initiés des États-Unis à dire que la Maçonnerie est leur religion et qu'elle doit être celle du philosophe et de l'honnête homme.

Nous pensons être agréable à nos lecteurs en leur mettant sous les yeux ces usages qui ne sont pas ostensiblement dans nos mœurs, et ces préceptes, excellents, parce qu'ils sont universels et dans nos cœurs.

TABLE ANALYTIQUE DES MATIÈRES.

FIN DE LA TABLE.

COLLECTION ESO - EXO

LES ARCHIVES HISTORIQUES
DE LA FRANC-MACONNERIE

- LA VRAIE MACONNERIE D'ADOPTION (1787)
- RITUEL GRADE APPRENTI   J.M.RAGON (1859)
-        -   -   COMPAGNON   -   -
-        -   -   MAITRE   -   -
- RECUEIL PRECIEUX DE LA MACONNERIE ADONHIRAMITE
  (1787) EN 2 VOLUMES
- ESSAI SUR LA SECTE DES ILLUMINES (1787)
- LE SCEAU ROMPU (1789 - D'APRES ED. ORIG. 1745)
- L'ORDRE DES FRANCS-MACONS TRAHI - AB. PERAU (1715)
- TUILEUR DU G.O.D.F. (1809)
- GRADES SYMBOLIQUES DU RITE MODERNE - CAILLOT (1825)
- HISTOIRE, OBLIGATIONS ET STATUTS DES FRANCS-MACONS -
      FRERE DE LA TIERCE (1745)
- LE SECRET DES TEMPLIERS   - N.DE BONNEVILLE (1788)
- LES JESUITES CHASSES DE LA MACONNERIE   -   -
- THUILEUR DES 33 DEGRES DU RITE ANCIEN DIT ACCEPTE
      DELAULNAYE (1813)
- WEISHAUPT ET LES ILLUMINES DE BAVIERE -
      ABBE BARRUEL (1819)
- MANUEL GENERAL DE MACONNERIE - TEISSIER (1833)
- LE REGULATEUR DE 1801 - GRADES SYMBOLIQUES -
- LE REGULATEUR DES CHEVALIERS MACONS (1801)
   4 ORDRES SUPERIEURS -

MANUSCRITS
- LES SEPT GRADES DE LA MACONNERIE ECOSSAISE (1812)
- LE CHEVALIER DE L'ORIENT (DEBUT 19 ° SIECLE)
- LA STRICTE OBSERVANCE TEMPLIERE AVANT 1789 (1775)

MODERNES
- MACONNERIE, INDIVIDU, COMMUNAUTE - JEAN MOURGUES
- LA FRANC-MACONNERIE DANS L'HISTOIRE
  OU LE GRAND DESSEIN - ROBERT GUISCARD

ESOTERISME - EXOTERISME
- LA MESSE ET SES MYSTERES - J.M.RAGON (1882)
- LITANIES DE JESUS ET MARIE   -   -
- LES CLEFS DE L'ORIENT - SAINT-YVES D'ALVEYDRE
- LE TA HIO OU LA GRANDE ETUDE DE CONFUCIUS

J.M. RAGON - RITUEL DE LA MACONNERIE FORESTIERE -